本书为作者主持的国家社科基金重大项目
《新时代十年伟大变革的深刻内涵和里程碑意义研究》
阶段性成果

共生共荣

新时代的中国与世界

CHINA AND THE WORLD IN THE NEW ERA

沈传亮　著

SPM 南方传媒

全国优秀出版社
全国百佳图书出版单位　广东教育出版社

·广州·

图书在版编目（CIP）数据

共生共荣：新时代的中国与世界 / 沈传亮著.
广州：广东教育出版社，2024.8. —— ISBN 978-7-5548-
6200-1

Ⅰ.F124

中国国家版本馆CIP数据核字第20247ZF770号

共生共荣：新时代的中国与世界

GONGSHENGGONGRONG：XINSHIDAI DE ZHONGGUO YU SHIJIE

出 版 人：朱文清

选题策划：卜晓琰　周　莉

责任编辑：周　晶　王　亮

营销编辑：卢颖璇　朱俊庭

责任技编：杨启承

责任校对：林晓珊

装帧设计：肖晓文

出版发行：广东教育出版社

　　　　　（广州市环市东路472号12—15楼　邮政编码：510075）

销售热线：020-87615809

网　　址：http://www.gjs.cn

邮　　箱：gjs-quality@nfcb.com.cn

经　　销：广东新华发行集团股份有限公司

印　　刷：广州市岭美文化科技有限公司

　　　　　（广州市荔湾区花地大道南海南工商贸易区A幢）

规　　格：787 mm × 1092 mm　1/16

印　　张：12.5

字　　数：250千

版　　次：2024年8月第1版
　　　　　2024年8月第1次印刷

定　　价：68.00元

如发现因印装质量问题影响阅读，请与本社联系调换（电话：020-87613102）

前　言

　　中国特色社会主义进入新时代，标志着中国发展来到新的历史方位。这个新时代，是承前启后、继往开来、在新的历史条件下继续夺取中国特色社会主义伟大胜利的时代，是决胜全面建成小康社会、进而全面建设社会主义现代化强国的时代，是全国各族人民团结奋斗、不断创造美好生活、逐步实现全体人民共同富裕的时代，是全体中华儿女勠力同心、奋力实现中华民族伟大复兴中国梦的时代，是我国不断为人类作出更大贡献的时代。中国进入这个阶段的前夕，已经成为世界第二大经济体，具有比较完善的工业体系，拥有众多的人口和巨大的市场，在全球的地位日益凸显，影响力也与日俱增，一举一动颇受世界各国关注。

　　对中国而言，来到这样的发展阶段、达到这样的发展起点十分不易。1949年中华人民共和国成立时，中国共产党作为执政党，面对的是一个烂摊子，一穷二白、百废待兴、百业待举。由于中国人选择了共产党、中国共产党选择独立自主走自己的路等种种原因，美国等西方国家对中国实行封锁禁运的围堵政策。爱拼才会赢。有骨气、有志气的中国共产党和中国人民选择了与社会主义国家以及其他国家和地区进行经贸往来和文化交流。通过苦干实干，中国人不仅站起来了，而且站住了、站稳了。在自己日子并不太好过的情况下，中国还力所能及地帮助了一些发展中国家，结交了一帮穷兄弟。

坚冰总会被打破，艰难的时刻也总会过去。历史的发展总是给人带来苦难后又给人以希望。在与美国多年谈判磋商后，1978年底中国决定与美国正式建交，同时决定实行改革开放，把工作中心转向经济建设，由此中国进入黄金发展期。经过35年左右的快速发展，中国的生产力水平显著提高，中国人民的生活质量大幅度提升，中华民族的面貌焕然一新。中国与世界的关系日益紧密，为世界作贡献的能力也水涨船高。

今天言说的新时代不是什么别的新时代，而是中国特色社会主义新时代，是以中国式现代化全面推进中华民族伟大复兴的新时代，是能够创造人类文明新形态的新时代，是能为世界作出新的更大贡献的新时代。在这个时代，中国共产党人展现出极大的创造力和极强的进取心，强调自己的初心使命是为中国人民谋幸福、为中华民族谋复兴、为人类谋进步、为世界谋大同。

新时代的中国，中国共产党和中国人民一起拼搏，以自己的聪明才智推动经济稳中有进，成为世界经济发展的重要引擎；以自己的艰苦努力解决了近一亿人口的绝对贫困问题，为世界减贫事业作出重大贡献；以前所未有的力度抓环保，为世界打造了中国环境治理样本；以务实求新的精神抓基建，在世界上被称为"基建狂魔";以开拓进取的态度抓创新,成功进入创新型国家行列;以共商共建共享为理念,打造出"一带一路"这个广受欢迎的国际公共产品;以举办国际性会展为抓手,成为世界各国企业家的重要目的地;以狠抓民生改善和社会治理为切口,成为世界上最安全的国家之一。同时,新时代中国的领导力量——中国共产党,以党风廉政建设为突破口,勇于自我革命,使得自己越来越强大,并且以五千年延续不断的中华文明为底蕴,成功开辟出中国式现代化道路。这不仅为世界政党提供有效党建经验,而且为发展中国家既保持独立又能走向现代化提供了中国方案。

国际知华人士高度关注中国的变化。"在中国共产党坚强领导下,作为世界上人口最多的国家,中国不断发生着新的伟大变革。"美国库恩基金会主席罗伯特·劳伦斯·库恩说,"比如消除极端贫困,这不仅是中国共产党取得的伟大成就,对世界来说也具有重要意义。"

中国与世界各国同住地球村,互联互通、休戚与共。新时代的中国正以自己的积极行动和奋发向上,发挥出更大更广的影响力,为世界不断作出新的更大贡献。相信在不久的将来,文化底蕴极其深厚的中国一定能为世界贡献更多的中国智慧、中国方案。

共生共荣

新 时 代 的 中 国 与 世 界

目　录

　　进入新时代以来，中国经济总体保持中高速增长，连续多年对世界经济增长的贡献率稳居世界第一位。其中，2023年经济增速为5.2%，人均国内生产总值为89358元，国内生产总值达126万亿元人民币。中国作为世界经济增长的可靠发动机，为世界发展注入强大动力。据参考消息网2023年9月30日报道，智利《第三版时报》9月22日刊登了题为《永不停止的引擎》的文章，认为中国作为一个永不停止的经济引擎，一直在为世界发展，包括智利的发展作出贡献。那么，中国是如何处理自身面临的包括百年不遇的世纪疫情在内的困难和挑战，在全球经济整体放缓的情况下，不仅保持一定的增长速度，还日渐成为世界经济的重要引擎的呢？

第一章
成为世界经济的重要引擎

准确把握经济发展阶段性特征

科学认识当前形势，准确研判未来走势，是做好经济工作的前提，也是一个执政党应有的大智慧。2012年以来，国际金融危机深层次影响持续蔓延，世界经济复苏乏力；国内经济增速下降，产能过剩矛盾趋于突出。面对如此严峻的形势，2013年7月25日在中央政治局常委会会议上，习近平总书记强调："我国经济发展正处于增长速度换挡期、结构调整阵痛期、前期刺激政策消化期叠加的阶段，加上世界经济也在深度调整，发展环境十分复杂，要准确认识我国经济发展阶段性特征，实事求是进行改革调整。"①这是第一次提出"三期叠加"阶段的概念，也准确概括了我国经济发展面临的形势。在同年12月10日举行的中央经济工作会议上，习近平总书记第一次提出了"新常态"。

在2014年中召开的中央政治局会议上，习近平总书记对"三期叠加"作了进一步分析，强调经济工作要适应经济发展新常态。同年12月召开的中央经济工作会议，从九个方面的趋势性变化分析了我国经济发展进入新常态的原因。

一是从消费需求看，过去我国消费具有明显的模仿型排浪式特征，现在模仿型排浪式消费阶段基本结束，个性化、多样化消费渐成主流，保证产品质量安全、通过创新供给激活需求的重要性显著上升，必须采取正确的消费政策，释放消费潜力，使消费继续在推动经济发展中发挥基础作用。

二是从投资需求看，经历了30多年高强度大规模开发建设后，传统产业相对饱和，但基础设施互联互通和一些新技术、新产品、新业态、新商业模式的投资机会大量涌现，对创新投融资方式提出了新要求，必须善于把握投资方向，消除投资障碍，使投资继续对经济发展发挥关键作用。

三是从出口和国际收支看，国际金融危机发生前国际市场空间扩张很快，出口成为拉动我国经济快速发展的重要动能，现在

---

① 《习近平著作选读》第2卷，人民出版社，2023，第404页。

全球总需求不振，我国低成本比较优势也发生了转化，同时我国出口竞争优势依然存在，高水平引进来、大规模走出去正在同步发生，必须加紧培育新的比较优势，使出口继续对经济发展发挥支撑作用。

四是从生产能力和产业组织方式看，过去供给不足是长期困扰我们的一个主要矛盾，现在传统产业供给能力大幅超出需求，产业结构必须优化升级，企业兼并重组、生产相对集中不可避免，新兴产业、服务业、小微企业作用更加凸显，生产小型化、智能化、专业化将成为产业组织新特征。

五是从生产要素相对优势看，过去劳动力成本低是最大优势，引进技术和管理就能迅速变成生产力，现在人口老龄化日趋发展，农业富余劳动力减少，要素的规模驱动力减弱，经济增长将更多依靠人力资本质量和技术进步，必须让创新成为驱动发展新引擎。

六是从市场竞争特点看，过去主要是数量扩张和价格竞争，现在正逐步转向质量型、差异化为主的竞争，统一全国市场、提高资源配置效率是经济发展的内生性要求，必须深化改革开放，加快形成统一透明、有序规范的市场环境。

七是从资源环境约束看，过去能源资源和生态环境空间相对较大，现在环境承载能力已经达到或接近上限，必须顺应人民群众对良好生态环境的期待，推动形成绿色低碳循环发展新方式。

八是从经济风险积累和化解看，伴随着经济增速下调，各类隐性风险逐步显性化，风险总体可控，但化解以高杠杆和泡沫化为主要特征的各类风险将持续一段时间，必须标本兼治、对症下药，建立健全化解各类风险的体制机制。

九是从资源配置模式和宏观调控方式看，全面刺激政策的边际效果明显递减，既要全面化解产能过剩，也要通过发挥市场机制作用探索未来产业发展方向，必须全面把握总供求关系新变化，科学进行宏观调控。

习近平总书记强调，在"三期叠加"这个阶段，经济发展速度必然会下降，但也不会无限下滑；经济结构调整是痛苦的，却是不得不过的关口；前期政策消化是必需的，但可以通过有效引导减缓消化过程中各类风险的影响。这些趋势性变化也说明，我国经济正在向形态更高级、分工更复杂、结构更合理的阶段演化。"我国经济发展进入新常态，是我国经济发展阶段性特征的必然反映，是不以人的意志为转移的。认识新常态，适应新常态，引领新常态，是当前和今后一个时期我国经济发展的大逻辑。"[①]当然，新常态不是一个事件，不要用好坏来判断；新常态不是一个筐，不要什么都往里装；新常态也不是一个避风港，不要把不好做或难做好的工作都归结于它。一段时期，中国的经济发展都是沿着这个逻辑在因应的。其中，坚持稳中求进工作总基调就是重要表现。我国经济发展进入新常态，要求我们从实际出发，尊重客观规律，通过科学方法贯彻各项大政方针。

党中央准确把握社会主要矛盾变化，继而提出"转向高质量发展阶段"的新理念。2017年召开的党的十九大明确提出我国社会主要矛盾已经转化为人民日益增长的美好生活需要和不平衡不充分的发展之间的矛盾。如果说过去是为温饱而努力，追求有没有；现在则是为了民主、法治、公平、正义、安全、环境，追求好不好、优不优。因此，在党的十九大报告中，习近平总书记指出："我国经济已由高速增长阶段转向高质量发展阶段，正处在转变发展方式、优化经济结构、转换增长动力的攻关期。"[②]2020年召开的党的十九届五中全会明确提出"以推动高质量发展为主题"。这是根据我国发展阶段、发展环境、发展条件变化作出的科学判断。高质量发展不仅指经济领域，而且拓展至"五位一体"总体布局各个领域。此后，我们多次强调，推动高质量发展是当前和今后一个时期确定发展思路、制定经济政策、实施宏观调控的根本要求。从"三期叠加"到经济发展新常态再到高质量发展阶段，体现了实践发展和认识深化，在逻辑上具有内在一致性和递进性。党的十九大以来，我们经济社会发展

---

① 《习近平著作选读》第1卷，人民出版社，2023，第328-329页。

② 《习近平著作选读》第2卷，人民出版社，2023，第24-25页。

■ 2017年10月18日，中国共产党第十九次全国代表大会隆重开幕

就是根据进入高质量发展阶段对经济建设谋篇布局的。

　　党中央还提出新发展阶段的新认识。基于全面建成小康社会这个党的第一个百年奋斗目标即将完成，党的十九届五中全会提出"全面建成小康社会、实现第一个百年奋斗目标之后，我们要乘势而上开启全面建设社会主义现代化国家新征程、向第二个百年奋斗目标进军"，这标志着我国进入了一个新发展阶段。习近平总书记在这次全会第二次全体会议上讲话时指出："新发展阶段就是全面建设社会主义现代化国家、向第二个百年奋斗目标进军的阶段。"①

　　作出新发展阶段的战略判断，有着深刻的理论依据、历史依据和现实依据。中华人民共和国成立后不久，我们党就提出建设社会主义现代化国家的目标，经过十三个五年规划（计划），我们已经为实现这个目标奠定了坚实基础。习近平总书记指出："未来三十年将是我们完成这个历史宏愿的新发展阶段。"②这就明确指出了新发展阶段的时间段指2021至2050年。这个阶段是

①　《习近平著作选读》第2卷，人民出版社，2023，第364页。

②　同上书，第400—401页。

我国社会主义发展进程中的一个重要阶段。在这个重要阶段我们的目标是把中国建设成为社会主义现代化强国。2022年召开的党的二十大明确了新发展阶段中国共产党的中心任务就是团结带领全国各族人民全面建成社会主义现代化强国、实现第二个百年奋斗目标，以中国式现代化全面推进中华民族伟大复兴。此后，中国经济社会的发展基本是按照这个新发展阶段的新要求来部署推进的。

党的十八大以来，党中央、习近平总书记关于经济发展新常态、高质量发展阶段以及新发展阶段的重要论述，不仅准确把握了经济发展阶段转换的本质特征，而且阐明了新时代我国经济发展的战略取向，丰富和发展了我们党对经济发展阶段和发展战略的认识，为我们作出正确的经济决策提供了重要遵循。

不断深化经济体制改革

经过30多年的改革开放，中国经济迅猛发展，在2010年成为世界第二大经济体。在中国人的心目中，适应新形势、解决新问题、完成新任务，改革开放是关键一招。党的十八大后，中国在前进道路上还有不少困难和问题。比如，发展中不平衡、不协调、不可持续问题依然突出，科技创新能力不强，产业结构不合理，发展方式依然粗放，城乡区域发展差距和居民收入分配差距依然较大，社会矛盾明显增多，教育、就业、社会保障、医疗、住房、生态环境、食品药品安全、安全生产、社会治安、执法司法等关系群众切身利益的问题较多，部分群众生活困难，形式主义、官僚主义、享乐主义和奢靡之风问题突出，一些领域消极腐败现象易发多发，反腐败斗争形势依然严峻，等等。"解决这些问题，关键在于深化改革。"[1]

在万众瞩目中，2013年11月，中国共产党召开了十八届三

① 《习近平著作选读》第1卷，人民出版社，2023，第159页。

中全会。这次全会延续过去几十年三中全会都讲改革的传统，以全面深化改革为主要议题，再次高高举起改革开放的大旗。这次全会把经济体制改革作为全面深化改革的重点，把处理好政府和市场的关系作为经济体制改革的核心问题。随着我们对政府和市场之间关系认识的深化，这次全会首次提出要使市场在资源配置中起决定性作用和更好发挥政府作用的重大理论观点。市场决定资源配置是市场经济的一般规律，市场经济本质上就是市场决定资源配置的经济。作出"使市场在资源配置中起决定性作用"的定位，有利于在全党全社会树立关于政府和市场关系的正确观念，有利于转变经济发展方式，有利于转变政府职能，有利于抑制消极腐败现象。这一观点突破了过去长期把市场作为资源配置环节基础性作用的判断，对推动完善市场经济体制迈出新步伐具有重大牵引作用。当然，我们也认识到市场在资源配置中起决定性作用，并不是起全部作用；强调科学的宏观调控，有效的政府治理，是发挥社会主义市场经济体制优势的内在要求。这次全会通过的有关决定明确，要紧紧围绕"使市场在资源配置中起决定性作用"深化经济体制改革，坚持和完善基本经济制度，加快完善现代市场体系、宏观调控体系、开放型经济体系，加快转变经济发展方式，加快建设创新型国家，推动经济更有效率、更加公平、更可持续发展。

党的十八大以来，我们坚持全面深化改革，充分发挥经济体制改革的牵引作用，不断完善社会主义市场经济体制，极大调动了亿万人民的积极性，极大促进了生产力发展，极大增强了党和国家的生机活力，接续创造了世所罕见的经济发展奇迹。同时，我们也要看到，新时代的我国社会主要矛盾发生变化，经济已由高速增长阶段转向高质量发展阶段，与这些新形势新要求相比，我国市场体系还不健全、市场发育还不充分，政府和市场的关系没有完全理顺，还存在市场激励不足、要素流动不畅、资源配置效率不高、微观经济活力不强等问题，推动高质量发展仍存在不少体制机制障碍，必须进一步解放思想，坚定不移深化市场化改革，扩大高水平开放，不断在经济体制关键性基础性重大改革上

■ 2018年4月8日，新组建的中国银行保险监督管理委员会正式挂牌运行

突破创新。

因此，党的十九大报告专门部署"加快完善社会主义市场经济体制"：经济体制改革必须以完善产权制度和要素市场化配置为重点，实现产权有效激励、要素自由流动、价格反应灵活、竞争公平有序、企业优胜劣汰。要完善各类国有资产管理体制，改革国有资本授权经营体制，加快国有经济布局优化、结构调整、战略性重组，促进国有资产保值增值，推动国有资本做强做优做大，有效防止国有资产流失。深化国有企业改革，发展混合所有制经济，培育具有全球竞争力的世界一流企业。全面实施市场准入负面清单制度，清理废除妨碍统一市场和公平竞争的各种规定和做法，支持民营企业发展，激发各类市场主体活力。深化商事制度改革，打破行政性垄断，防止市场垄断，加快要素价格市场化改革，放宽服务业准入限制，完善市场监管体制。创新和完善宏观调控，发挥国家发展规划的战略导向作用，健全财政、货币、产业、区域等经济政策协调机制。完善促进消费的体制机制，增强消费对经济发展的基础性作用。深化投融资体制改革，发挥投资对优化供给结构的关键作用。加快建立现代财政制度，建立权责清晰、财力协调、区域均衡的中央和地方财政关系。建

立全面规范透明、标准科学、约束有力的预算制度，全面实施绩效管理。深化税收制度改革，健全地方税体系。深化金融体制改革，增强金融服务实体经济能力，提高直接融资比重，促进多层次资本市场健康发展。健全货币政策和宏观审慎政策双支柱调控框架，深化利率和汇率市场化改革。健全金融监管体系，守住不发生系统性金融风险的底线。[①]

会后，我们按照大会精神，采取切实举措推动完善社会主义市场经济体制。在实施新一轮党和国家机构改革中，我们强化了经济部门的优化设置。在2019年举行的党的十九届四中全会上，我们不仅就坚持和完善中国特色社会主义制度、推进国家治理体系和治理能力现代化作出了部署，还专门就完善社会主义基本经济制度等作出部署，第一次把社会主义市场经济体制纳入基本经济制度范畴，凸显了这一制度的极端重要性。2020年5月11日，党中央、国务院印发了《关于新时代加快完善社会主义市场经济体制的意见》，力求在更高起点、更高层次、更高目标上推进经济体制改革及其他各方面体制改革，构建更加系统完备、更加成熟定型的高水平社会主义市场经济体制。

建设全国统一大市场，是加快完善社会主义市场经济体制的重要举措。2022年4月，《中共中央 国务院关于加快建设全国统一大市场的意见》发布实施，就加快建立全国统一的市场制度规则，打破地方保护和市场分割，打通制约经济循环的关键堵点，促进商品要素资源在更大范围内畅通流动，加快建设高效规范、公平竞争、充分开放的全国统一大市场，全面推动我国市场由大到强转变等作出部署，必定为建设高标准市场体系、构建高水平社会主义市场经济体制提供坚强支撑。

2022年10月党的二十大召开。这次大会是在全面建成小康社会，进入新发展阶段之后党召开的第一次全国代表大会，承上启下、继往开来，十分重要。大会报告经济建设部分的第一条就是"构建高水平社会主义市场经济体制"。

---

① 《习近平著作选读》第2卷，人民出版社，2023，第27–28页。

报告指出，坚持和完善社会主义基本经济制度，毫不动摇巩固和发展公有制经济，毫不动摇鼓励、支持、引导非公有制经济发展，充分发挥市场在资源配置中的决定性作用，更好发挥政府作用。深化国资国企改革，加快国有经济布局优化和结构调整，推动国有资本和国有企业做强做优做大，提升企业核心竞争力。优化民营企业发展环境，依法保护民营企业产权和企业家权益，促进民营经济发展壮大。完善中国特色现代企业制度，弘扬企业家精神，加快建设世界一流企业。支持中小微企业发展。深化简政放权、放管结合、优化服务改革。构建全国统一大市场，深化要素市场化改革，建设高标准市场体系。完善产权保护、市场准入、公平竞争、社会信用等市场经济基础制度，优化营商环境。健全宏观经济治理体系，发挥国家发展规划的战略导向作用，加强财政政策和货币政策协调配合，着力扩大内需，增强消费对经济发展的基础性作用和投资对优化供给结构的关键作用。健全现代预算制度，优化税制结构，完善财政转移支付体系。深化金融体制改革，建设现代中央银行制度，加强和完善现代金融监管，强化金融稳定保障体系，依法将各类金融活动全部纳入监管，守住不发生系统性风险底线。健全资本市场功能，提高直接融资比重。加强反垄断和反不正当竞争，破除地方保护和行政性垄断，依法规范和引导资本健康发展。[1]

这一段话虽然不长，但确实对如何构建高水平社会主义市场经济体制给予全面系统的部署安排，是未来一段时期完善社会主义市场经济体制的路线图。

全面贯彻新发展理念

理念是行动的先导，一定的发展实践都是由一定的发展理念来引领的。一个党治国理政，很重要的一个方面就是要回答好实

---

[1] 《习近平著作选读》第1卷，人民出版社，2023，第24—25页。

现什么样的发展、怎样实现发展这个重大问题。改革开放以来，我们先后提出发展才是硬道理、坚持可持续发展、树立和践行科学发展观等关于发展的重大理论观点和重要战略思想。

党的十八大以来，习近平总书记不断深化对发展的规律性认识，在2015年10月举行的党的十八届五中全会上提出了包括创新、协调、绿色、开放、共享在内的新发展理念，强调创新发展注重的是解决发展动力问题，协调发展注重的是解决发展不平衡问题，绿色发展注重的是解决人与自然和谐问题，开放发展注重的是解决发展内外联动问题，共享发展注重的是解决社会公平正义问题，强调坚持新发展理念是关系我国发展全局的一场深刻变革。新发展理念是一个系统的理论体系，回答了关于发展的目的、动力、方式、路径等一系列理论和实践问题，阐明了我们党关于发展的政治立场、价值导向、发展模式、发展道路等重大政治问题。①

新发展理念要落地生根、变成普遍实践，关键在各级领导干部的认识和行动。在新发展理念提出后，为了让领导干部尽快熟悉、接受并付诸实践，我们党举办了省部级主要领导干部专题研讨班。2016年1月18日上午，该研讨班在中央党校开班。习近平总书记在开班式上发表重要讲话时强调，要深入学习领会党的十八届五中全会精神，特别是要深入学习领会创新、协调、绿色、开放、共享的新发展理念，推动"十三五"时期我国经济社会持续健康发展，确保如期实现全面建成小康社会奋斗目标。②这次会议强调，要深学笃用，通过示范引领让干部群众感受到新发展理念的真理力量，各级领导干部要结合历史学，多维比较学，联系实际学，真正做到崇尚创新、注重协调、倡导绿色、厚植开放、推进共享。2017年10月，党的十九大把新发展理念作为新时代坚持和发展中国特色社会主义的十四条基本方略之一，还强调"坚持新发展理念"，"发展是解决我国一切问题的基础和关键，发展必须是科学发展，必须坚定不移贯彻创新、协调、绿

① 《习近平著作选读》第2卷，人民出版社，2023年，第406页。

② 习近平：《论把握新发展阶段、贯彻新发展理念、构建新发展格局》，中央文献出版社，2021，第74页。

色、开放、共享的发展理念"①。但在执行过程中，一些地方和部门有的侧重于绿色，有的侧重于协调，新发展理念并没有得到全面贯彻落实，因此习近平总书记专门强调要完整、准确、全面贯彻新发展理念，要大家把它当作"指挥棒、红绿灯"②，努力提高贯彻新发展理念的能力和水平。

贯彻落实新发展理念的一个重大举措，就是推动供给侧结构性改革。在2015年中央经济工作会议上，习近平总书记特别强调供给侧结构性改革问题。这引起了热烈讨论，国际社会和国内各方面大多比较认同，但也有一些不同反应。实际上，中国推行的供给侧结构性改革不同于西方供给学派的观点，他们只注重供给而忽视需求，只注重市场功能而忽视政府作用，重点强调减税；我们"重点是解放和发展社会生产力，用改革的办法推进结构调整，减少无效和低端供给，扩大有效和中高端供给，增强供给结构对需求变化的适应性和灵活性，提高全要素生产率"③。我们讲的供给侧结构性改革，既强调供给又关注需求，既突出发展社会生产力又注重完善生产关系，既发挥市场在资源配置中的决定性作用又更好发挥政府作用，既着眼当前又立足长远。比如，中国老百姓到国外去，以前是买电视、冰箱、洗衣机、空调等，后来买电脑、手机、化妆品、服饰、首饰等，现在是买奶粉、尿布、药品、马桶盖、电饭煲、炒菜锅等。老百姓出国买当地的特色产品，可以理解；但老百姓出国采购的是国内能生产的，而且市场供应很足的产品，那就出问题了。因此，推进供给侧结构性改革，最终目的是满足需求，主攻方向是提高供给质量。

为此，中国努力保持经济政策的稳定性和针对性，不搞量化宽松和"大水漫灌"式的强刺激，突出提高发展质量和效益；实施"去产能、去库存、去杠杆、降成本、补短板"，坚决处置"僵尸企业"，坚决化解严重过剩产业的产能，下决心不再搞过

---

① 《习近平著作选读》第2卷，人民出版社，2023，第18页。

② 习近平：《论把握新发展阶段、贯彻新发展理念、构建新发展格局》，中央文献出版社，2021，第111页。

③ 同上书，第98-99页。

剩产能、低水平产能，努力满足老百姓的需求。比如，就钢产业来看，中华人民共和国成立后，我们为了实现工业化，大幅度加强炼钢工作，甚至为了争口气，搞起了"钢铁元帅"升帐。改革开放后，我们的钢铁产能迅速增加，成为世界第一产钢大国。但一段时期钢产能严重过剩，它们不仅是用水大户还是污染大户。不去产能，肯定不可持续。当然，我们还加大了农业供给侧结构性改革，着力振兴实体经济，坚持"房住不炒"，使得我国经济保持了中高速增长，老百姓的需求也正在日益得以满足。

但近年来，随着经济全球化遭遇逆流，新冠疫情的爆发加剧了逆全球化势头，西方发达国家再工业化，各国内顾倾向上升，以及我国劳动力成本提升等，国际经济循环格局发生深度调整，世界走势出现了新的变化。新冠疫情期间，习近平总书记到几个省份进行调查研究，深入了解抗疫情况，调研复工复产中出现的问题。他在浙江考察时发现，在疫情冲击下全球产业链供应链、发生局部断裂，直接影响到我国经济循环。当地不少企业需要的国外原材料进不来、海外人员来不了、货物出不去，不得不停工停产。大进大出的环境条件已经变化，必须根据新的形势提出新的思路。2020年4月，习近平总书记提出"要建立以国内大循环为主体、国内国际双循环相互促进的新发展格局"①。同年10月，党的十九届五中全会召开，全会对构建新发展格局作出全面部署。这是把握未来发展主动权的战略性布局和先手棋，是新发展阶段要着力推动完成的重大历史任务，也是贯彻新发展理念的重大举措。构建新发展格局明确了我国经济现代化的路径选择。我国作为一个人口众多和超大市场规模的社会主义国家，在迈向现代化的历史进程中，必然要承受其他国家不曾遇到的各种压力和严峻挑战。我们只有立足自身，让国内大循环畅通起来，努力练就百毒不侵、金刚不坏之身，增强我们的生存力、竞争力、发展力、持续力，才能任由国际风云变幻，始终充满朝气地生存和发展下去。构建新发展格局，关键在于经济循环的畅通无阻，最

■ 江西九江一家民营科技公司的生产线前，工人正在对产品进行测试

本质的特征是实现高水平的自立自强，同时也要避免理解的片面性、走老路、各自为政等问题。

在贯彻新发展理念过程中，我们坚持建设现代化产业体系，牢牢坚持"两个毫不动摇"，即毫不动摇巩固和发展公有制经济，毫不动摇鼓励、支持、引导非公有制经济发展，持续优化营商环境。这些重大举措都有力推动了我国经济的发展。其中，非公有制经济是稳定经济的重要基础，是国家税收的重要来源，是技术创新的重要主体，是金融发展的重要依托，是经济持续健康发展的重要力量。作为非公有制经济的主要经济组织形式的民营经济，贡献了50%以上的税收、60%以上的国内生产总值、70%以上的技术创新成果、80%以上的城镇劳动就业、90%以上的企业数量。为鼓励非公有制经济健康发展，习近平总书记出席民营企业座谈会时强调，民营企业和民营企业家都是自己人；党中央发布多个意见尤其是2023年7月发布的《关于促进民营经济发展壮大的意见》，从民营经济的发展环境、政策支持、法治保障、高质量发展以及促进民营经济人士健康成长等方面提出了31条具体举措；国家发改委也专门设立了民营经济发展局。我们相信，民营经济一定能扬帆远航，为新时代的中国发展作出更大贡献。

实施国家重大发展战略

战略问题是一个政党、一个国家的根本性问题。战略上判断得准确，战略上谋划得科学，战略上赢得主动，党和人民事业就大有希望。习近平总书记指出："正确运用战略和策略，是我们党创造辉煌历史、成就千秋伟业、战胜各种风险挑战，不断从胜利走向胜利的成功秘诀。"[①]中华人民共和国成立特别是改革开放以来，为了加快推进社会主义现代化，我们党实施了科教兴国、可持续发展、人才强国等重大战略，推进西部大开发，振兴东北地区等老工业基地，促进中部地区崛起，支持东部地区率先发展，促进城乡、区域协调发展。党的十八大以来，以习近平同志为核心的党中央针对关系全局、事关长远的问题作出系统谋划和战略部署，实施了区域协调发展战略、区域重大战略、主体功能区战略、新型城镇化战略等一系列重大发展战略。这些重大战略已经并将继续对我国经济发展变革产生深远影响。

第一，实施京津冀协同发展、长江经济带发展、长三角一体化发展、黄河流域生态保护和高质量发展、粤港澳大湾区建设等区域重大战略。改革开放以来，我国逐渐形成了京津冀、长三角、珠三角等多个经济一体化程度较高的区域。其中，京津冀地位尤为特殊，协同发展的意义尤为重大。2013年5月，习近平总书记在天津调研时提出，要谱写新时期社会主义现代化的京津"双城记"。8月，习近平总书记在北戴河主持研究河北发展问题时，又提出要推动京津冀协同发展。此后，习近平总书记多次就京津冀协同发展作出重要指示，三地推进协调发展的共识加快形成，方向日渐清晰。2014年2月26日，习近平总书记在北京主持召开座谈会，专题听取京津冀协同发展工作汇报并作重要讲话。召开如此高规格的会议，研究一个区域的协同发展问题，这在中华人民共和国60多年的历史上还是首次。"京津冀协同发展意义重大，对这个问题的认识要上升到国家战略层面。大家一定要增强推进京津冀协同发展的自觉性、主动性、创造性，增强通过全面深化改革形成新的体制机制的勇气，继续研究、明确思

---

① 习近平：《推进中国式现代化需要处理好若干重大关系》，《求是》2023年第19期。

路、制定方案、加快推进。"总书记的重要讲话，为京津冀协同发展指明了方向，一场"全面深化改革的'平津战役'"就此打响！①2015年4月，中央政治局会议审议通过《京津冀协同发展规划纲要》，确定了"功能互补、区域联动、轴向集聚、节点支撑"的布局思路，明确了以"一核、双城、三轴、四区、多节点"为骨架。顶层设计的日臻完善，改革框架的日益清晰，让京津冀协同发展步入快轨道。

下好棋的关键是布局。2017年4月1日，央视新闻联播节目播出了一则重磅新闻，设立河北雄安新区。报道说，设立雄安新区，是以习近平同志为核心的党中央深入推进京津冀协同发展作出的一项重大决策部署，对于集中疏解北京非首都功能，探索人口经济密集地区优化开发新模式，调整优化京津冀城市布局和空间结构，培育创新驱动发展新引擎，具有重大现实意义和深远历史意义。报道还说，党的十八大以来，中共中央总书记、国家主席、中央军委主席习近平多次深入北京、天津、河北等地考察调研，多次主持召开中央政治局常委会会议、中央政治局会议，研究决定和部署实施京津冀协同发展战略。习近平总书记明确指示，要重点打造北京非首都功能疏解集中承载地，在河北适合地段规划建设一座以新发展理念引领的现代新型城区。从报道中还能得知，2017年2月23日，习近平总书记专程到河北省安新县进行实地考察，主持召开了河北雄安新区规划建设工作座谈会。在这个秘密性极高的会上，习近平指出，党中央规划建设雄安新区，大的背景就是京津冀协同发展。推进京津冀协同发展是党的十八大以来党中央作出的重大战略部署，同共建"一带一路"、长江经济带发展一起作为新形势下的区域重大战略。2016年3月和5月，中央政治局常委会会议、中央政治局会议审议北京城市副中心和河北雄安新区规划建设有关工作时，习近平总书记强调，规划建设北京城市副中心和雄安新区是推进京津冀协同发展

---

① 《打造中国经济新增长极——党的十八大以来推进三大战略述评》，《人民日报》2016年2月21日。

■ 2020年12月27日，京雄城际铁路正式开通运营，雄安站同步投入使用

的两项战略举措，是历史性的战略选择，是千年大计、国家大事，要坚持用最先进的理念和国际一流水准规划设计建设，经得起历史检验。①目前，北京城市副中心建设已经基本完成，雄安新区也拔地而起。

推动长江经济带发展是党中央作出的重大决策，是关系国家发展全局的重大战略。长江经济带覆盖沿江11省市，横跨我国东中西三大板块，人口规模和经济总量占据全国"半壁江山"，生态地位突出，发展潜力巨大，应该在践行新发展理念、构建新发展格局、推动高质量发展中发挥重要作用。2013年7月21日，习近平总书记在湖北武汉考察时提出，长江流域要加强合作，充分发挥内河航运作用，发展江海联运，把全流域打造成黄金水道。其后，习近平总书记又多次在考察调研中谈到了长江经济带发展的问题。2016年1月5日，是长江经济带发展史上具有里程碑意义的日子。这一天，在重庆调研的习近平总书记召开推动长江经济带发展座谈会时指出，"当前和今后相当长一个时期，要把修复

---

① 《习近平著作选读》第1卷，人民出版社，2023，第581页。

长江生态环境摆在压倒性位置，共抓大保护，不搞大开发"[1]，为长江经济带发展定了向、定了调。光阴荏苒，2020年11月14日上午，习近平总书记在江苏省南京市主持召开全面推动长江经济带发展座谈会并发表重要讲话。他指出，5年来，在党中央坚强领导下，沿江省市推进生态环境整治，促进经济社会发展全面绿色转型，力度之大、规模之广、影响之深，前所未有，长江经济带生态环境保护发生了转折性变化，经济社会发展取得历史性成就。长江经济带经济发展总体平稳、结构优化，人民生活水平显著提高，实现了在发展中保护、在保护中发展。他强调，要坚定不移贯彻新发展理念，推动长江经济带高质量发展，谱写生态优先绿色发展新篇章，打造区域协调发展新样板，构筑高水平对外开放新高地，塑造创新驱动发展新优势，绘就山水人城和谐相融新画卷，使长江经济带成为我国生态优先绿色发展主战场、畅通国内国际双循环主动脉、引领经济高质量发展主力军。2021年1月1日零时，长江流域重点水域10年禁渔全面启动，慢慢地，长江江豚等旗舰物种又"回家"了。2022年元旦假期最后一天，长江国家文化公园建设正式启动。可见，长江经济带，不仅是"经济带"，也是"文化带"。相信随着重大战略的落实，长江经济带活力将越来越强。

进入新时代，我们统筹推进山水林田湖草沙综合治理、系统治理、源头治理，改善黄河流域生态环境，优化水资源配置，促进黄河全流域高质量发展。以香港、澳门、广州、深圳为中心引领粤港澳大湾区建设，带动珠江—西江经济带创新绿色发展。同时，我们强化举措推动西部大开发形成新格局，推动东北等老工业基地振兴取得新突破，发挥优势推动中部地区高质量发展，鼓励东部地区加快推进现代化，支持革命老区、民族地区、边疆地区、贫困地区改善生产生活条件。[2]

---

① 中共中央文献研究室编《习近平关于社会主义生态文明建设论述摘编》，中央文献出版社，2017，第69页。

② 当代中国研究所：《新时代这十年（2012—2022）》，人民出版社，2023，第125页。

第二，实施区域协调发展战略。新发展理念中很关键的一个概念就是协调。进入新时代，中国社会主要矛盾的主要方面的表现之一就是东中西发展不平衡、城乡发展不平衡等，实际上不平衡就是不协调。不仅如此，不协调还包括无序开发和恶性竞争，如光伏产业、新能源汽车产业一哄而上等现象时有发生。针对这些问题，2017年党的十九大提出实施区域协调发展战略。

2018年11月，《中共中央　国务院关于建立更加有效的区域协调发展新机制的意见》印发。该意见提出，要立足发挥各地区比较优势和缩小区域发展差距，围绕努力实现基本公共服务均等化、基础设施通达程度比较均衡、人民基本生活保障水平大体相当的目标，深化改革开放，坚决破除地区之间利益藩篱和政策壁垒，加快形成统筹有力、竞争有序、绿色协调、共享共赢的区域协调发展新机制，促进区域协调发展。该意见还提出了未来30多年的目标，即到2020年，建立与全面建成小康社会相适应的区域协调发展新机制，在建立区域战略统筹机制、基本公共服务均等化机制、区域政策调控机制、区域发展保障机制等方面取得突破，在完善市场一体化发展机制、深化区域合作机制、优化区域互助机制、健全区际利益补偿机制等方面取得新进展，区域协调发展新机制在有效遏制区域分化、规范区域开发秩序、推动区域一体化发展中发挥积极作用。到2035年，建立与基本实现现代化相适应的区域协调发展新机制，实现区域政策与财政、货币等政策有效协调配合，区域协调发展新机制在显著缩小区域发展差距和实现基本公共服务均等化、基础设施通达程度比较均衡、人民基本生活保障水平大体相当中发挥重要作用，为建设现代化经济体系和满足人民日益增长的美好生活需要提供重要支撑。到本世纪中叶，建立与全面建成社会主义现代化强国相适应的区域协调发展新机制，区域协调发展新机制在完善区域治理体系、提升区域治理能力、实现全体人民共同富裕等方面更加有效，为把我国建成社会主义现代化强国提供有力保障。

第三，实施主体功能区战略。2011年，"十二五"规划纲要明确提出实施主体功能区战略，并将其上升至国家战略层面，此后主体功能区战略一直是指导我国区域经济发展的重大战略。主体功能区是基于不同区域的资源环境承载能力、现有开发密度和发展潜力等，将特定区域确定为特定主体功能定位类型的一种空间单元。按开发强度划分为优化开发、重点开发、限制开发和禁止开发四类地区，按主体功能划分为城市化地区、农产品主产区和重点生态功能区三类地区。2017年10月，《中共中央　国务院关于完善主体功能区战略和制度的若干意见》印发，该意见指出要坚持保护优先、坚持以承载力为基础、坚持差异化协同发展、坚持生态就是生产力等战略取向。

完善主体功能区战略和制度，关键要在严格执行主体功能区规划基础上，将国家和省级层面主体功能区战略格局在市县层面精准落地；重点是健全优化开发区、重点开发区、农产品主产区、重点生态功能区等各类主体功能区空间发展长效机制。

2020年10月，党的十九届五中全会进一步提出，立足资源环境承载能力，发挥各地比较优势，逐步形成城市化地区、农产品主产区和重点生态功能区三大空间格局，优化重大基础设施、重大生产力和公共资源布局。从黄浦江畔到雪域高原，从温婉水乡到壮美三峡，从徽派村落到藏式碉房，从良渚古城到三星堆遗址……打开中国地图，有一条与北纬30度线大致重合的318国道。这条许多人眼中的"中国最美景观大道"，近年来之所以蜚声海内外，原因就在于它串联起丰富多彩的人文风貌和自然景观，记录下城市化地区的流光溢彩、农产品主产区的繁华富庶、生态功能区的瑰丽惊艳。①

党的二十大对促进区域协调发展作出部署。大会报告指出，深入实施区域协调发展战略、区域重大战略、主体功能区战略、新型城镇化战略，优化重大生产力布局，构建优势互补、高质量发展的区域经济布局和国土空间体系。推动西部大开发形成新格局，推动东北全面振兴取得新突破，促进中部地区加快崛起，鼓励东部地区加快推进现代化。支持革命老区、民族地区加快发

①　李斌：《深入实施主体功能区战略》，《人民日报》2023年2月28日，第5版。

展，加强边疆地区建设，推进兴边富民、稳边固边。推进京津冀协同发展、长江经济带发展、长三角一体化发展，推动黄河流域生态保护和高质量发展。高标准、高质量建设雄安新区，推动成渝地区双城经济圈建设。健全主体功能区制度，优化国土空间发展格局。推进以人为核心的新型城镇化，加快农业转移人口市民化。以城市群、都市圈为依托构建大中小城市协调发展格局，推进以县城为重要载体的城镇化建设。坚持人民城市人民建、人民城市为人民，提高城市规划、建设、治理水平，加快转变超大特大城市发展方式，实施城市更新行动，加强城市基础设施建设，打造宜居、韧性、智慧城市。发展海洋经济，保护海洋生态环境，加快建设海洋强国。①

随着这些重大举措的进一步实施，相信中国发展不平衡、不充分的问题能够得到较好的解决，中国经济社会发展呈现出更强大的韧性和活力，中国经济也会保持一定速度，为世界经济发展继续提供强大的动力支撑。一些国际组织的乐观预测也表明了这一趋势。亚洲开发银行发布的《2023年亚洲经济一体化报告》显示，亚太地区经济复苏很大程度上得益于中国，中国对该地区的经济增长贡献率达64.2%。中国还贡献了亚太地区37.6%的货物贸易增长和44.6%的服务贸易增长。国际货币基金组织总裁格奥尔基耶娃此前表示，预计2023年中国对全球经济增长的贡献率将达到三分之一左右。据该组织测算分析，中国经济增速每提高1个百分点，就将带动与中国相关联的经济体增速提高0.3个百分点。国际货币基金组织、世界银行、经济合作与发展组织等国际机构纷纷上调2023年中国经济增长预期。世行预测2023年中国经济将增长5.6%，经合组织预测将增长5.4%。两大机构均认为，中国将为世界经济发展带来动力。②2024年7月，中国共产党召开的二十届三中全会，就新一轮全面深化改革作出重大战略部署，必将进一步推动中国经济发展。对此，我们充满信心。

① 《习近平著作选读》第1卷，人民出版社，2023，第26—27页。
② 刘云非：《中国经济引擎推动亚太地区强劲复苏》，新华社2023年7月10日电。

党的十八大以来，我国平均每年1000多万人脱贫，相当于一个中等人口规模国家的总人数。2021年7月1日，在庆祝中国共产党成立100周年大会上，习近平总书记庄严宣告："经过全党全国各族人民持续奋斗，我们实现了第一个百年奋斗目标，在中华大地上全面建成了小康社会，历史性地解决了绝对贫困问题。"①对这样举世瞩目的成就，国际社会给予高度关注。2022年9月，在第77届联合国大会召开期间，联合国秘书长古特雷斯对央视记者表示，中国的减贫成就非常了不起，对全球福祉产生了巨大影响。②世界著名企业家比尔·盖茨在2023年6月来华访问期间表示，中国在减贫和应对新冠疫情方面取得举世瞩目的巨大成就，为世界树立了很好榜样。③那么，中国为什么能够在新时代解决绝对贫困问题呢，它的世界意义究竟有哪些？这需要从中国共产党的初心使命和新时代的伟大实践中寻找答案。

---

① 习近平：《在庆祝中国共产党成立100周年大会上的讲话》，人民出版社，2021，第2页。

② 《总台记者专访 | 古特雷斯：欢迎任何旨在弥合差距的倡议》，央视新闻客户端，https://content-static.cctvnews.cctv.com/snow-book/index.html？item_id=14924257181050505540，访问日期：2022年9月23日。

③ 《习近平会见比尔·盖茨》，《新华日报》，2023年6月17日。

第二章
贡献人类减贫的中国方案

坚守为人民谋幸福的初心

100多年前诞生的中国共产党，成立之初就立下为人民谋幸福、为民族谋复兴的初心使命。在党的第一次全国代表大会上，中国共产党就明确了革命的目的是建设新社会。1923年，党的创始人毛泽东和李达创办《新时代》杂志，表示要研究致用的学问、实行社会改造的准备。可惜，这本杂志出版两期后就被查封。在1925年出版的《政治周报》发刊词中，毛泽东说，我们为什么要革命？就是为了使人民得到经济的幸福。由此不难看出，中国共产党人一开始就有经世济民的人民情怀。在新民主主义革命时期，共产党人团结带领广大农民"打土豪、分田地"，使得耕者有其田，换来了中国人站起来的命运大转换。1949年10月，中华人民共和国的成立，标志着我们实现了民族独立和人民解放，彻底结束了旧中国半殖民地半封建社会的历史，彻底结束了旧中国一盘散沙的局面，彻底废除了列强强加给中国的不平等条约和帝国主义在中国的一切特权，实现了中国从几千年封建专制政治向人民民主的伟大飞跃。这为中国人民摆脱贫困、过上幸福生活创造了根本政治条件，中国发展从此开启了新纪元。

中华人民共和国成立初期，中国真是一穷二白，生产力水平较为低下，只会造桌子板凳、茶碗茶壶，一辆汽车、一架飞机都造不出来。相应地，老百姓的生活水平也比较低，很多日用品都冠以"洋"字，比如火柴被称为"洋火"、自行车被称为"洋车"等等。许许多多家庭，居住在狭窄的住所里。为了改变这种落后的面貌，中国共产党集中精力抓财政经济的好转，明确全国人民的主要任务就是集中力量发展社会生产力，实现国家工业化，逐步满足人民日益增长的物质和文化需要。中国共产党提出努力把我国逐步建设成为一个具有现代农业、现代工业、现代国防和现代科学技术的社会主义现代化强国，领导人民开展全面的大规模的社会主义建设。老百姓也憧憬"楼上电灯、楼下电话"的现代生活。经过实施多个五年计划，我国建立起独立的比较完整的工业体系和国民经济体系，农业生产条件显著改善，教育、科学、文化、卫生、体育事业有很大发展。"两弹一星"等国防尖端科技不断取得突破，国防工业从无到有逐步发展起来。这个阶段，我们更多注重的是提高生产力水平，较为忽略老百姓的消费需求。所以，老百姓的日子虽然比中华人民共和国成立前发生了翻天覆地的变化，农民分了土地，城市居民有了生活保障，人均预期寿命在20世纪70年代也超过了65岁。但是，"文革"结束时，全国还有2.5亿农民吃不饱饭，还存在严重的失业问题，等等，这都制约着中国经济社会的发展。

在历史走向转折的关头，很多中央领导同志到国内外展开调研，看到了我们国家发展还存在很多问题，看到了我们和发达国家或地区之间的差距。比如，邓小平1978年9月中旬到东北三省和河北的一些地方调研时就说："按照历史唯物主义的观点来讲，正确的政治领导的结果，归根到底要表现在社会生产力的发展上、人民物质文化生活的改善上。生产力发展的速度比资本主义慢，那就没有优越性，这是最大的政治，这是社会主义和资本主义谁战胜谁的问题。生产力总是需要发展的。外国人议论中国人究竟能够忍耐多久，我们要注意这个话。我们要想一想，我们给人民究竟做了多少事情呢？我们一定要根据现在的有利条件加速发展生产力，使人民的物质生活好一些，使人民的文化生活、精神面貌好一些。"[1]他还说："我们太穷了，太落后了，老实说对不起人民。我们现在必须发展生产力，改善人民生活条件。"[2]在同年11月访问新加坡期间，邓小平看到新加坡从几十年前的一个小渔村变成了发达的城市，十分感慨，表示要向新加坡学习。正是基于对国内外情况的了解，在1978年底召开的党的十一届三中全会上，中国共产党作出了把党和国家的工作中心转移到经济建设上来、实行改革开放的历史性决策。在改革开放和社会主义现代化建设新时期，执政党加快推进以改善民生为重点的社会建设，改善人民生活，取消农业税，不断推进学有所教、

---

① 《邓小平年谱（1975—1997）》（上），中央文献出版社，2014，第380页。
② 同上书，第381页。

劳有所得、病有所医、老有所养、住有所居，促进社会和谐稳定。在这一期间，推进了扶贫工作，实施了八七扶贫攻坚计划，实施了东西部扶贫协作和对口支援，制定实施了中国农村扶贫开发纲要，有7亿多农村贫困人口摆脱贫困，老百姓的生活也实现了从温饱不足到达到小康水平的历史性跨越。

进入新时代，中国的贫困问题依然比较突出。按照人均年收入2300元的国家扶贫标准，2012年，中国扶贫对象有1.22亿人。2014年末，还有7107万农村贫困人口。到2015年底，全国还有14个集中连片特殊困难地区、832个贫困县、12.8万个建档立卡贫困村，贫困人口达5575万人，相当于一个中等人口规模国家的总人数。贫困人口大多数分布在革命老区、民族地区、边疆地区、集中连片特困地区。这些地区的农民人均纯收入仅为全国农村水平的六成。贫困发生率比全国平均水平高近16个百分点。①如何实现如此大规模的人口脱贫，是摆在中国执政党面前的严峻任务。

2012年11月15日，新当选的中共中央总书记习近平在同中外记者见面时掷地有声地说："人民对美好生活的向往，就是我们的奋斗目标。"②面对这一奋斗目标，他深感责任重大。不能到宣布全面建成小康社会的时候，还有不少群众生活在贫困线下；摸清贫困真实底数，做到心中有数，才能有针对性地推进扶贫工作。习近平总书记上任伊始就提出了这个要求。同年12月29日，担任总书记才40多天的习近平冒着零下十几摄氏度的严寒，踏着冰雪来到地处集中连片特困地区的河北省保定市阜平县，深入龙泉关镇骆驼湾村和顾家台村考察革命老区扶贫工作。

2012年，这两个村人均可支配收入分别只有950元和980元，不及全国平均水平的八分之一，贫困发生率分别高达79%和75%。习近平总书记对当地干部说："专程来这里看望大家，就是为了了解我国现在的贫困状态和实际情况。你们得让我看到真正情况，不看那些不真实的。所以走得远一点，哪怕看得少一

---

① 李忠杰：《中国扶贫脱贫史》，东方出版社，2022，第340页。

② 《习近平谈治国理政》第3卷，外文出版社，2018，第4页。

■ 河北开展"一村一品"助推精准扶贫，村民正在将当地特产鲜桃装车，准备运往收购点

些，是真实的，才是值得的！"①总书记盘腿坐在炕上与老百姓拉家常，揭开锅盖察看老百姓吃啥，和参加座谈的老百姓讲"只要有信心，黄土变成金"；在听取河北阜平县经济社会发展特别是扶贫开发情况汇报后的讲话中说："全面建成小康社会，最艰巨最繁重的任务在农村，特别是在贫困地区。没有农村的小康，特别是没有贫困地区的小康，就没有全面建成小康社会。"②他还要求大家提高对做好扶贫开发工作重要性的认识，增强做好扶贫开发工作的责任感和使命感。

这是一次行程紧凑、内容务实的调研。2012年12月29日下午3时从北京出发，30日下午1时许离开，20多个小时，往来奔波700多公里，走访两个贫困村，召开两场座谈会。其间，习近平总书记动情谈到了聂荣臻元帅生前所说的"阜平不富，死不瞑目"，切实看到了真贫的状态。这次太行之行，坚定了我们的扶贫决心。习近平总书记说，我们要加大投入力度，把集中连片特殊困难地区作为主战场，把稳定解决扶贫对象温饱、尽快实现脱

---

① 本书编写组：《习近平的扶贫足迹》，人民出版社、新华出版社，2022，第4页。

② 《习近平著作选读》第1卷，人民出版社，2023，第73页。

贫致富作为首要任务，坚持政府主导，坚持统筹发展，注重增强扶贫对象和贫困地区自我发展能力，注重解决制约发展的突出问题，努力推动贫困地区经济社会加快发展。①

目标已经明确，关键是要抓好落实，而落实确实需要有更为有效的举措。

坚决实行精准扶贫

老子著《道德经》说："天下难事，必作于易；天下大事，必作于细。"上亿人口脱贫显然是难事、是大事，要把这件难事办好、把大事办成就要从细节入手。一段时期以来，脱贫攻坚进入瓶颈期，效果不如开始时明显。但这个难题的突破口在2013年被习近平总书记拿捏住了，这个突破口就是"精准扶贫"。

2013年11月3日至5日，习近平总书记来到湘西、长沙等地，深入农村、企业、高校，考察经济社会发展情况，研究推动少数民族和民族地区加快发展。在湘西花垣县十八洞村苗寨，习近平总书记首次提出"精准扶贫"的重要理念，作出了"实事求是、因地制宜、分类指导、精准扶贫"的重要指示，要求当地闯出"不栽盆景，不搭风景""可复制、可推广"的脱贫之路。同时，习近平总书记也强调发展是甩掉贫困帽子的总办法，贫困地区要从实际出发，因地制宜，把种什么、养什么、从哪里增收想明白，帮助乡亲们寻找脱贫致富的好路子。此后，从上到下，我们坚持系统观念，在不断细化精准扶贫的理念和思路的同时推动扶贫工作。

首先要细化"精准扶贫"理念。"精准扶贫，就是要对扶贫对象实行精细化管理，对扶贫资源实行精确化配置，对扶贫对象实行精准化扶持，确保扶贫资源真正用在扶贫对象上、真正用在

① 《习近平著作选读》第1卷，人民出版社，2023，第73页。

贫困地区。"①打好脱贫攻坚战，贵在精准，重在精准，成败之举在于精准。要做到"六个精准"，即扶持对象精准、项目安排精准、资金使用精准、措施到户精准、因村派人（第一书记）精准、脱贫成效精准。要解决好"扶持谁、谁来扶、怎么扶、如何退"问题，不搞大水漫灌，不搞手榴弹炸跳蚤，因村因户因人施策，对症下药，精准滴灌，靶向治疗，扶贫扶到点上，扶到根上。②

扶贫必先识贫，解决"扶持谁"的问题。精准扶贫，关键的关键是把扶贫对象摸清搞准，把家底盘清。搞准贫困对象，就要进村入户，察看实情。贵州省威宁县就在实践中总结出了"四看法"：一看房，二看粮，三看劳动力强不强，四看家中有没有读书郎。这一识别贫困的方法起到了很好的效果。在摸清扶贫对象的基础上，我们还采取了建档立卡、对扶贫对象实行规范化管理的方式。2013年底，中办、国办印发《关于创新机制扎实推进农村扶贫开发工作的意见》，要求国家制定统一的扶贫对象识别办法，对每个贫困村、贫困户建档立卡，建设全国扶贫信息网络系统。从2014年起，国务院扶贫办统筹顶层设计，按照"一年打基础、两年完善、三年规范运行"的总体思路，制定《扶贫开发建档立卡工作方案》和《扶贫开发建档立卡指标体系》，明确了全国统一的建档立卡标准和程序，并采取规模控制，各省区市将贫困人口规模逐级分解到村。国务院扶贫办把贫困识别、建档立卡作为精准扶贫一号工程、第一战役，下大力气抓实打牢，第一次建立了包括贫困人口、贫困村、贫困县基本数据的全国扶贫开发信息系统，为打赢脱贫攻坚战奠定了坚实基础。据新华社2017年2月18日报道，到2014年11月底，全国完成了2949万贫困户、8962万贫困人口的信息采集录入工作，实现了全国扶贫对象的集中管理。2016年以后，全国又补录贫困人口807万，剔除识别不准人口929万，建档立卡工作实现了从"基本精准"到"比较精

---

① 中共中央党史和文献研究院编《习近平扶贫论述摘编》，中央文献出版社，2018，第58页。

② 同上书，第82—83页。

准"。还有些地方在精准识别上有新的做法，比如甘肃等地在建档立卡的基础上绘制贫困地图，全面准确掌握贫困人口规模、分布地区以及居住条件、就业渠道、收入来源、致贫原因等情况，挂图作业，按图销号，做到一户一本台账、一户一个脱贫计划、一户一套帮扶措施，倒排工期，不落一人。这样的举措符合精准扶贫要求，得到了积极提倡。

推进精准扶贫，打赢脱贫攻坚战，关键是责任落实到人，解决好"谁来扶"的问题。习近平总书记指出，要加快形成中央统筹、省（自治区、直辖市）负总责、市（地）县抓落实的扶贫开发工作机制，做到分工明确、责任清晰、任务到人、考核到位，既各司其职、各尽其责，又协调运转、协同发力。[1]为把扶贫落到实处，我们不仅构建起五级书记抓扶贫、全党动员促攻坚的局面，还在2015年11月举行的中央扶贫开发工作会议上提出要层层签订脱贫攻坚责任书，立下军令状。会上，22个中西部省区市党政主要负责人，在脱贫攻坚责任书上郑重签了名字。习近平总书记讲，这就是你们给中央立下的军令状，每年都要向中央报告脱贫攻坚进展情况。军中无戏言。军令状可不是随便立的，要说到做到。

除了立下军令状，我们还在干部考核、晋升方面有进一步要求。比如，对贫困县党政负责同志的考核，要提高减贫、民生、生态方面指标的权重，把党政领导班子和领导干部的主要精力聚焦到脱贫攻坚上来。考虑到县一级是脱贫攻坚的前线指挥部，对贫困县县级领导班子要采取一些特殊政策。如可以对贫困县党政主要负责同志实行省直管直派，也可以派更多后备干部去任职。同时，要保持贫困县领导班子相对稳定。[2]致富不致富，关键看干部。习近平总书记指出："得来点真的，贫困县的县委书记、县长要稳在那儿，把责任担到底，不脱贫'不能走'，一个萝卜一个坑，出水才见两腿泥。"没有这一条，谁都能拍拍屁股就走，那就变成流水宴、流水席了。所以，有的地方县委书记被任

---

① 中共中央党史和文献研究院编《习近平扶贫论述摘编》，中央文献出版社，2018，第65页。

② 同上书，第42页。

命为某地级市市委副书记后，短期内又回到县里任县委书记了。村民富不富，关键看支部。为了帮助贫困的农民脱贫，我们选派一批思想好、作风正、能力强的优秀年轻干部和高校毕业生到贫困村工作，根据贫困村的实际需求精准选配第一书记、精准选派驻村工作队。新时代以来，全国累计选派25.5万个驻村工作队、300多万名第一书记和驻村干部，同近200万名乡镇干部和数百万村干部一道奋战在扶贫一线。[①]扶贫路上，有1800多名党员干部献出了宝贵的生命。北京师范大学硕士研究生黄文秀就是其中的一员，她毕业后奔赴乡村，兢兢业业帮助村民摆脱贫困，把青春和生命献给了扶贫事业，谱写了新时代青春之歌。

开对了"药方子"，才能拔掉"穷根子"，脱贫攻坚就要解决好"怎么扶"的问题。党的十八大以来，我们根据贫困地区和贫困人口的具体情况，实施了"五个一批"工程，即发展生产脱贫一批、易地搬迁脱贫一批、生态补偿脱贫一批、发展教育脱贫一批、社会保障兜底一批。实施"五个一批"工程，也不是大呼隆，而是因地制宜。比如，宁夏回族自治区西海固素有"苦瘠甲天下"之称，当地老百姓常说"锅里缺粮、缸里缺水、身上没钱"。1997年春，时任福建省委副书记的习近平到宁夏调研东西协作对口帮扶工作，为西海固的贫困所震撼，提议将西海固不宜生存地方的贫困群众"吊庄"搬迁到银川河套平原待开发荒漠地，建设新家园，并亲自命名为"闽宁村"。由此，6万多西海固人陆续告别家乡，来到陌生的地方。2002年，闽宁村发展成闽宁镇。

原隆村是闽宁镇的一个新村，2010年规划建设，2012年至2016年分批实施搬迁，来自原州区、隆德县13个乡镇的10578名群众搬迁到这里。群众搬过来后，为了解决吃穿住用行各方面的问题，原隆村在上级支持和福建对口帮扶下，统筹使用各类资金，让村民家家住上了新房，有院子，通水通电通网络，用太阳能热水器、用卫生厕所，生活垃圾统一处理。同时，村里坚持

---

① 《习近平著作选读》第2卷，人民出版社，2023，第437页。

■ 宁夏回族自治区闽宁镇航拍景象

搬迁、产业同步抓，立足区位优势，做好土地文章，走出一条一二三产融合发展的路子，在实现"两不愁三保障"的同时，努力让群众有活干、能增收。现在走进这个搬迁来的村子，你会看到千亩葡萄园、红树莓园生机盎然，成片的光伏大棚蔚为壮观，新民居整齐划一，水泥路四通八达，老百姓欢歌笑语。2016年7月19日，习近平总书记来原隆村考察调研时指出，移民搬迁是脱贫攻坚的一种有效方式。要总结推广典型经验，把移民搬迁脱贫工作做好。要多关心移民搬迁到异地生活的群众，帮助他们解决生产生活困难，帮助他们更好融入当地社会。[1]我们还通过"组团式"扶贫、对口帮扶等多种方式，推动扶贫工作落地见效。

精准扶贫是为了精准脱贫，要解决好"如何退"的问题。就此党中央要求，一是要设定时间表，实现有序退出；二是留出缓冲期，在一定时间内实行摘帽不摘政策；三是实行严格评估，按

---

[1] 本书编写组：《习近平的扶贫足迹》，人民出版社、新华出版社，2022，第221-222页。

照摘帽标准验收；四是要实行逐户销号，做到脱贫到人。在脱贫过程中，我们还坚持加大投入，强化资金支持；坚持社会动员，凝聚各方力量；坚持从严要求，促进真抓实干；坚持群众主体，注意扶贫扶志扶智相结合，激发内生动力。

在此期间，党中央多次召开会议就脱贫攻坚作出部署。比如，在2020年3月6日召开的决战决胜脱贫攻坚座谈会上，习近平总书记强调，要动员全党全国全社会力量，凝心聚力打赢脱贫攻坚战，确保如期完成脱贫攻坚目标任务，确保全面建成小康社会。同年11月23日，我国最后9个贫困县实现贫困退出。经过上下齐心、艰苦努力，我们终于打赢了脱贫攻坚战。

2021年2月25日，全国脱贫攻坚总结表彰大会在北京人民大会堂举行，习近平总书记在大会上宣布：我国脱贫攻坚战取得了全面胜利，现行标准下9899万农村贫困人口全部脱贫，832个贫困县全部摘帽，12.8万个贫困村全部出列，区域性整体贫困得到解决，完成了消除绝对贫困的艰巨任务，创造了一个彪炳史册的人间奇迹！[①]脱贫攻坚伟大斗争，锻造形成了上下同心、尽锐出战、精准务实、开拓创新、攻坚克难、不负人民的脱贫攻坚精神。我们走出了一条中国特色减贫道路，形成了中国特色反贫困理论。2021年11月，党的十九届六中全会通过的党的第三个历史决议再次指出，党的十八大以来，全国832个贫困县全部摘帽，12.8万个贫困村全部出列，近1亿农村贫困人口实现脱贫，提前实现联合国2030年可持续发展议程减贫目标，历史性地解决了绝对贫困问题，创造了人类减贫史上的奇迹。[②]铁的事实充分证明，精准扶贫是打赢脱贫攻坚战的制胜法宝，开发式扶贫是中国特色减贫道路的鲜明特征。

现在，我们如果去河北阜平县的骆驼湾村或者去湖南湘西的十八洞村，可以看到老百姓摆脱贫困后的幸福生活，可以看到中国农村的生机勃勃。十八洞村在贫困的时候，村民传唱的是"苗

---

① 《习近平著作选读》第2卷，人民出版社，2023，第429页。
② 《中共中央关于党的百年奋斗重大成就和历史经验的决议》，人民出版社，2021，第48页。

家住在高山坡，坡上芭茅石头多。不通公路水和电，手捧金碗莫奈何"。脱贫后的今天，他们传唱的是生活的喜悦和甜美："吃住不用愁，衣着有讲究；增收门路广，票子进衣兜；天天像赶集，往返人如流；单身娶媳妇，日子乐悠悠。"①

实施乡村振兴战略

稳定脱贫不返贫才是真脱贫。中国农村人口众多，返贫的因素还有不少，比如患大病遇大灾，就很有可能返贫。河北阜平县的主要负责人在全县脱贫后说："下一步要重点抓好两项工作：一是坚持精准扶贫和防止返贫两手抓，巩固脱贫成果，确保稳定脱贫；二是加强乡村两级基层党组织建设，提高党在基层的治理能力和服务群众能力。"②党中央对脱贫后怎么办，有更加系统深刻的思考和谋篇布局。

民族要复兴，乡村必振兴。全面建设社会主义现代化国家，实现中华民族伟大复兴，最艰巨最繁重的任务依然在农村，最广泛最深厚的基础依然在农村。习近平总书记早在党的十九大报告中指出，农业农村农民问题是关系国计民生的根本性问题，必须始终把解决好"三农"问题作为全党工作的重中之重，实施乡村振兴战略。这是第一次在党的全国代表大会上提出乡村振兴战略。党的十九大以来，党中央、国务院连续发布中央一号文件，对新发展阶段优先发展农业农村、全面推进乡村振兴作出总体部署，为做好当前和今后一个时期"三农"工作指明了方向。2018年3月5日，国务院总理李克强在政府工作报告中专门强调要大力实施乡村振兴战略；5月31日，中央政治局召开会议，审议《国家乡村振兴战略规划（2018—2022年）》；9月，党中央、国务

---

① 特约调研组：《习近平调研指导过的贫困村脱贫纪实》，人民出版社，2021，第24页。

② 同上书，第11—12页。

院印发了《国家乡村振兴战略规划（2018—2022年）》。

鉴于脱贫攻坚战即将取得胜利，2021年3月22日，《中共中央 国务院关于实现巩固拓展脱贫攻坚成果同乡村振兴有效衔接的意见》公开发布，指出在打赢脱贫攻坚战、全面建成小康社会后，要在巩固拓展脱贫攻坚成果的基础上，做好乡村振兴这篇大文章，接续推进脱贫地区发展和群众生活改善。该意见明确了实现巩固拓展脱贫攻坚成果同乡村振兴有效衔接的基本思路和目标任务。

脱贫攻坚目标任务完成后，设立5年过渡期。脱贫地区要根据形势变化，理清工作思路，做好过渡期内领导体制、工作体系、发展规划、政策举措、考核机制等有效衔接，从解决建档立卡贫困人口"两不愁三保障"为重点转向实现乡村产业兴旺、生态宜居、乡风文明、治理有效、生活富裕，从集中资源支持脱贫攻坚转向巩固拓展脱贫攻坚成果和全面推进乡村振兴。到2025年，脱贫攻坚成果巩固拓展，乡村振兴全面推进，脱贫地区经济活力和发展后劲明显增强，乡村产业质量效益和竞争力进一步提高，农村基础设施和基本公共服务水平进一步提升，生态环境持续改善，美丽宜居乡村建设扎实推进，乡风文明建设取得显著进展，农村基层组织建设不断加强，农村低收入人口分类帮扶长效机制逐步完善，脱贫地区农民收入增速高于全国农民平均水平。到2035年，脱贫地区经济实力显著增强，乡村振兴取得重大进展，农村低收入人口生活水平显著提高，城乡差距进一步缩小，在促进全体人民共同富裕上取得更为明显的实质性进展。

2021年2月21日，中共中央、国务院发布2021年中央一号文件，进一步明确指出实现巩固

■ 广州从化稻香小镇，稻田上书写了"乡村振兴"

拓展脱贫攻坚成果同乡村振兴有效衔接。

一是要设立衔接过渡期。脱贫攻坚目标任务完成后，对摆脱贫困的县，从脱贫之日起设立5年过渡期，做到"扶上马送一程"。过渡期内保持现有主要帮扶政策总体稳定，并逐项分类优化调整，合理把握节奏、力度和时限，逐步实现由集中资源支持脱贫攻坚向全面推进乡村振兴平稳过渡，推动"三农"工作重心历史性转移。抓紧出台各项政策完善优化的具体实施办法，确保工作不留空档、政策不留空白。

二是要持续巩固拓展脱贫攻坚成果。健全防止返贫动态监测和帮扶机制，对易返贫致贫人口及时发现、及时帮扶，守住防止规模性返贫底线。以大中型集中安置区为重点，扎实做好易地搬迁后续帮扶工作，持续加大就业和产业扶持力度，继续完善安置区配套基础设施、产业园区配套设施、公共服务设施，切实提升社区治理能力。加强扶贫项目资产管理和监督。

三是要接续推进脱贫地区乡村振兴。实施脱贫地区特色种养业提升行动，广泛开展农产品产销对接活动，深化拓展消费帮扶。持续做好有组织劳务输出工作。统筹用好公益岗位，对符合条件的就业困难人员进行就业援助。在农业农村基础设施建设领域推广以工代赈方式，吸纳更多脱贫人口和低收入人口就地就近就业。在脱贫地区重点建设一批区域性和跨区域重大基础设施工程。加大对脱贫县乡村振兴支持力度。在西部地区脱贫县中确定一批国家乡村振兴重点帮扶县集中支持。支持各地自主选择部分脱贫县作为乡村振兴重点帮扶县。坚持和完善东西部协作和对口支援、社会力量参与帮扶等机制。

四是要加强农村低收入人口常态化帮扶。开展农村低收入人口动态监测，实行分层分类帮扶。对有劳动能力的农村低收入人口，坚持开发式帮扶，帮助其提高内生发展能力，发展产业、参与就业，依靠双手勤劳致富。对脱贫人口中丧失劳动能力且无法通过产业就业获得稳定收入的人口，以现有社会保障体系为基础，按规定纳入农村低保或特困人员救助供养范围，并按困难类型及时给予专项救助、临时救助。

2021年2月25日，全国脱贫攻坚总结表彰大会在北京召开。习近平总书记在大会上明确指出，脱贫攻坚战的全面胜利，标志着我们党在团结带领人民创造美好生活、实现共同富裕的道路上迈出了坚实的一大步。同时，脱贫摘帽不是终点，而是新生活、新奋斗的起点。解决发展不平衡不充分问题、缩小城乡区域发展差距、实现人的全面发展和全体人民共同富裕仍然任重道远。①这次大会提出了要切实做好巩固拓展脱贫攻坚成果同乡村振兴有效衔接各项工作的明确要求。同日，在北京市朝阳区太阳宫北街1号，国家乡村振兴局正式挂牌成立。该机构主要负责制定和组织实施乡村振兴战略规划、政策和措施，推动农业农村现代化，促进农民增收和农村发展。这既被视为我国脱贫攻坚战取得全面胜利的一个标志，又是全面实施乡村振兴，奔向新生活、新奋斗的起点。

在党中央的领导下，我们推动乡村振兴，加强了农业生产，保障农资共赢，2021年和2022年分别对种粮农民一次性发放200亿元和400亿元的补贴，还实施农村人居环境整治提升行动。2022年全国粮食总产量达到1.37万亿斤，连续八年稳定在1.3万亿斤以上，谷物总产量稳居世界首位，14亿多人的粮食安全得到有效保障。脱贫攻坚成果得到巩固和拓展。2023年的政府工作报告指出，推动巩固拓展脱贫攻坚成果同乡村振兴有效衔接。保持过渡期内主要帮扶政策总体稳定，严格落实"四个不摘"要求，建立健全防止返贫动态监测和帮扶机制，有力应对疫情、灾情等不利影响，确保不发生规模性返贫。确定并集中支持160个国家乡村振兴重点帮扶县，加大对易地搬迁集中安置区等重点区域支持力度，坚持并完善东西部协作、对口支援、定点帮扶等机制，选派用好医疗、教育"组团式"帮扶干部人才和科技特派员，推动脱贫地区加快发展和群众稳定增收。

2023年3月7日，国务院机构改革方案中提及优化农业农村部职责，在农业农村部加挂国家乡村振兴局牌子，不再保留单设的

---

① 《习近平著作选读》第2卷，人民出版社，2023，第443页。

国家乡村振兴局。将原国家乡村振兴局牵头开展的防止返贫动态监测和帮扶，以及组织拟订乡村振兴重点帮扶县和重点地区帮扶政策，组织开展东西部协作、对口支援、社会帮扶，研究提出中央财政衔接推进乡村振兴相关资金分配建议方案并指导、监督资金使用，推动乡村帮扶产业发展，推动农村社会事业和公共服务发展等职责划入农业农村部。全国脱贫攻坚目标任务完成后的过渡期内，有关帮扶政策、财政支持、项目安排保持总体稳定，资金项目相对独立运行管理。这既是为统筹抓好以乡村振兴为重心的"三农"各项工作，加快建设农业强国的重大举措，也意味着单独运行2年的国家乡村振兴局完成了自己的历史使命。机构改革后，乡村振兴的步伐越迈越大。

中国减贫的世界价值

按照世界银行每人每天1.9美元的国际贫困标准，改革开放40多年来，中国有8亿多人脱贫，提前10年实现联合国2030年可持续发展议程减贫目标，显著缩小了世界贫困人口的版图。世界银行2018年发布的《中国系统性国别诊断》报告称，中国在快速经济增长和减少贫困方面取得了"史无前例的成就"。世界银行前行长金墉称赞中国的减贫成绩是"人类历史上最伟大的故事之一"。西班牙共产党主席何塞·路易斯·森特里亚说："中国共产党始终坚持全心全意为人民服务的根本宗旨，带领中国人民与贫困斗争，取得了显著成效，也为世界减贫事业作出重要贡献。"英国共产党总书记罗伯特·格里菲斯在接受新华社记者采访时说，中国经过几十年努力，使超过7亿人摆脱贫困，中国的脱贫成就在人类历史上"举世无双"。①

中国历史性消灭绝对贫困在全世界都引起了积极反响。这里面到底有哪些中国智慧、中国方案呢？2021年出版的《人类减

① 李忠杰：《中国扶贫脱贫史》，东方出版社，2022，第738—739页。

■ 《人类减贫的中国实践》白皮书显示，中国减贫人口占同期全球减贫人口70%以上

贫的中国实践》白皮书梳理了中国减贫的历史和实践，用"六个坚持"总结了中国减贫的经验。白皮书指出，中国减贫立足本国国情，深刻把握中国贫困特点和贫困治理规律，坚持中国共产党的领导，坚持以人民为中心的发展思想，坚持发挥中国社会主义制度集中力量办大事的政治优势，坚持精准扶贫方略，坚持调动广大贫困群众的积极性、主动性、创造性，坚持弘扬和衷共济、团结互助美德，坚持求真务实、较真碰硬，走出了一条中国特色减贫道路，形成了中国特色反贫困理论。中国在减贫实践中探索形成的宝贵经验，既属于中国也属于世界，拓展了人类反贫困思路，为人类减贫探索了新的路径。

　　同时要看到，在减贫过程中党和国家领导人的重要性。习近平总书记说，40多年来，他先后在中国县、市、省、中央工作，扶贫始终是他工作的一个重要内容，花的精力最多。他提出"小康不小康，关键看老乡"[1]，提出"精准扶贫、精准脱贫"[2]，提出"一个都不能掉队"[3]等一系列摆脱贫困的新理念新观点新思路。新时代，习近平总书记深入全国14个集中连片特困地区，考察了20多个贫困村，连续4年主持中央政治局常委会会议、政治

---

[1]　中共中央文献研究室编《习近平关于社会主义经济建设论述摘编》，中央文献出版社，2017，第169页。

[2]　中共中央党史和文献研究院编《十九大以来重要文献选编》（上），中央文献出版社，2019，第480页。

[3]　中共中央党史和文献研究院编《习近平扶贫论述摘编》，中央文献出版社，2018，第6页。

局会议听取脱贫攻坚成效考核报告，连续6年召开脱贫攻坚座谈会，连续6年在国家扶贫日期间出席重要活动或作出重要指示，连续6年在新年贺词中强调脱贫攻坚，连续7年在全国两会同代表委员共商脱贫攻坚大计，还多次回信勉励基层干部群众投身反贫困斗争的伟大事业。①因此，党和国家领导人的身体力行、谋篇布局对于减贫事业的进步十分重要。

中国人在自己减贫的过程中，不仅力所能及帮助了一些世界上需要帮助的国家和地区的人们，还分享自己的减贫经验。我们实施惠及民生的国际减贫合作项目。在亚洲地区，中国与东盟国家共同开展乡村减贫推进计划，在老挝、柬埔寨、缅甸三国乡村基层社区实施"东亚减贫示范合作技术援助项目"。在非洲地区，中国为非洲国家援建水利基础设施、职业技术学校、社会保障住房等设施，打造农业合作示范区，推进实施中非菌草技术合作、中非友好医院建设、非洲疾控中心总部建设等项目。在南太平洋地区，中国推动落实对太平洋岛国无偿援助、优惠贷款等举措，开展基础设施建设和农业、医疗等技术合作援助项目。在拉美地区，援建农业技术示范中心，帮助受援国当地民众摆脱贫困。中国还与联合国教科文组织合作设立国际农村教育研究与培训中心等机构，面向非洲、东南亚等地的国家和地区实施农村教育转型、教师培训等项目。②我们通过搭建平台、组织培训、智库交流等多种形式，开展减贫交流，分享减贫经验。在国际消除贫困日，中国与联合国驻华机构联合举办减贫与发展高层论坛。中国发起中国—东盟社会发展与减贫论坛、人类减贫经验国际论坛，举办中非减贫与发展会议、"摆脱贫困与政党的责任"国际理论研讨会、改革开放与中国扶贫国际论坛等一系列研讨交流活动。与东盟秘书处和东盟有关国家合作，面向基层干部（社区官员）实施"东盟+中日韩村官交流项目"。与有关国家和地区组

---

① 本书编写组：《习近平的扶贫足迹》，人民出版社、新华出版社，2022，第2页。

② 中华人民共和国国务院新闻办公室：《人类减贫的中国实践》，人民出版社，2021。

织合作开展国际减贫培训，自2012年以来共举办130余期国际减贫培训班，来自116个国家（组织）的官员参加培训。

2020年12月14日，人类减贫经验国际论坛在北京开幕。习近平向论坛致贺信，指出消除贫困是人类共同理想。经过8年持续努力，2020年中国现行标准下农村贫困人口已经全部脱贫，贫困县已经全部摘帽，近1亿农村贫困人口实现脱贫，为全球减贫事业作出重大贡献。中国将继续巩固和拓展脱贫攻坚成果，扎实推进共同富裕，不断提升民生福祉水平。2021年3月，联合国秘书长古特雷斯致函国家主席习近平，祝贺中国取得脱贫攻坚全面胜利。古特雷斯表示，中华人民共和国近日宣布成功消除绝对贫困。他谨向中国政府和习近平本人致以最诚挚的祝贺。这一重大成就为实现2030年可持续发展议程所描绘的更加美好和繁荣的世界作出了重要贡献。他对习近平的远见卓识和英明领导深表赞赏。中国取得的非凡成就为整个国际社会带来了希望，提供了激励。这一成就证明，政府的政治承诺和政策稳定性对改善最贫困和最脆弱人群的境况至关重要，创新驱动、绿色、开放的发展模式是重大机遇，将为所有人带来福祉。相信中国将不断取得更大成就，实现"不让任何人掉队"的目标。①

中国特色减贫道路，是中国人民在中国共产党的领导下，经过长期艰辛探索开创出来的一条成功道路。中国消除绝对贫困的成功实践和宝贵经验，深化了对人类减贫规律的认识，丰富发展了人类反贫困理论，提振了各国特别是广大发展中国家消除绝对贫困的信心，为其他国家选择适合自己的减贫发展道路提供了参考和借鉴，为破解现代国家治理难题、开辟人类社会发展更加光明的前景提供了中国方案。

随着乡村振兴战略的深入实施，实现全体人民共同富裕不再遥远。相信随着中国式现代化的不断推进，中国特色减贫智慧必将在全球减贫事业中发挥更大更好的作用。

---

① 《联合国秘书长古特雷斯致函习近平祝贺中国脱贫攻坚取得重大历史性成就》，《人民日报》2021年3月10日。

共生共荣

　　人因自然而生，靠自然生活，与自然
必须和谐相处。进入新时代，中国认真吸
取古今中外的历史教训，努力"像保护眼
睛一样保护生态环境，像对待生命一样对
待生态环境"。党的十八大召开后的10年
间，全国累计造林10.2亿亩，森林覆盖率
达到24.02%，人工林保存面积达到13.14
亿亩，稳居世界第一。2019年，美国航天
局的卫星数据显示，全球从2000年到2017
年新增的绿化面积中，约1/4来自中国，
贡献比例居全球首位。在全球森林资源持
续减少的背景下，中国森林面积和蓄积量
持续双增长，成为全球森林资源增长最多
的国家。这反映了中国为全球植被增长作
出的巨大贡献。同时，中国防沙治沙走在
了全球前列，对碳达峰碳中和作出了庄严
承诺，这都为全球环境治理贡献了中国
力量。

第三章

打造全球环境
治理样本

下决心解决环境问题

环境问题自古有之。恩格斯早在《自然辩证法》中就写道：美索不达米亚、希腊、小亚细亚以及其他各地的居民，为了得到耕地，毁灭了森林，但是他们做梦也想不到，这些地方今天竟因此而成为不毛之地，因为他们使这些地方失去了森林，也就失去了水分的积聚中心和贮藏库。阿尔卑斯山的意大利人，当他们在山南坡把那些在山北坡得到精心保护的枞树林砍光用尽时，没有预料到，这样一来，他们把本地区的高山畜牧业的根基毁掉了；他们更没有预料到，他们这样做，竟使山泉在一年中的大部分时间内枯竭了，同时在雨季又使更加凶猛的洪水倾泻到平原上。[①]

20世纪30年代至60年代发生的"世界八大公害事件"对生态环境和公众生活造成巨大影响，至今令人类难以释怀。其中，日本水俣病事件影响颇为广泛。

1952年，日本熊本县水俣湾出现了很多发疯狂奔、抽搐最后自杀的猫，之后不久，当地居民也出现了同样症状。这种怪病引起了人们的极度恐慌。谁也没想到，事件背后的"黑手"竟是当地一家氮肥公司。20世纪50年代，氮肥公司开设在日本各地，他们源源不断地将生产废水排放到当地的河流中。由于直接排放在水俣湾的废水含汞量很高，水中的鱼虾体内含有大量汞，最后转变为剧毒的甲基汞。而当地人一直以捕捞鱼虾为食，因此摄入了大量甲基汞，大脑和神经系统遭到破坏，导致言行失调，最后发疯自杀。1956年，日本学者检测水俣湾水质，发现里面含有大量的化学污染物，证明了沿岸的氮肥公司是真凶。

无独有偶，1965年日本新潟县的阿贺野川流域居民，也出现了类似病症，被称作"第二水俣病"，也是由化工厂将有毒物质排入河中造成的。新潟县民众率先发起了对氮肥厂的诉讼，很快熊本县的受害者及其家属也加入其中，展开了日本历史上非常有

---

① 习近平：《论把握新发展阶段、贯彻新发展理念、构建新发展格局》，中央文献出版社，2021，第87页。

名的公害诉讼历程。1997年，日本政府认定该事件中受害者多达12615人，其中死亡1246人。肇事的氮肥公司早已经因无法支付巨额赔偿而倒闭，当地政府为了抚慰受害者也支付了巨额费用。

经过水俣病事件，日本政府开始重树生产观，熊本县等地方的氮肥厂被关闭，当地政府设定水质监测制度，对河水采取清理保护措施。1968年日本政府通过了《公害基本法》，把大气、水、噪声、震动、地震、恶臭等确定为公害。1970年日本政府又将土壤污染增补为公害，并制定了《农耕地污染防治法》。现在水俣湾水质已经非常好了，当地人们可以放心地食用里面的鱼虾。2015年5月31日是水俣病被正式确认50周年纪念日，日本环境大臣望月义夫出席并致辞称"我们应该牢记历史，不要让水俣病再次出现"[1]。还有，发生在20世纪40年代的洛杉矶光化学烟雾事件，先后导致近千人死亡、75%以上市民患上红眼病；1952年12月的伦敦烟雾事件，首次暴发的短短几天内，致死人数高达4000，随后2个月内又有近8000人死于呼吸系统疾病，此后1956年、1957年、1962年又连续发生多达12次严重的烟雾事件。美国作家蕾切尔·卡逊的《寂静的春天》深刻分析了这些触目惊心的状况，呼吁大家关注自然、关爱环境。

对中国而言，历史上也发生过环境破坏导致严重后果的事情。据史料记载，现在植被稀少的黄土高原、渭河流域、太行山脉也曾是森林遍布、山清水秀，地宜耕植、水草便畜。由于毁林开荒、乱砍滥伐，这些地方生态环境遭到严重破坏。塔克拉玛干沙漠的蔓延，湮没了盛极一时的丝绸之路。河西走廊沙漠的扩展，毁坏了敦煌古城。科尔沁、毛乌素沙地及乌兰布和沙漠的蚕食，侵占了富饶美丽的蒙古草原。楼兰古城的屯垦开荒、盲目灌溉，导致孔雀河改道而衰落。河北北部的围场，早年树海茫茫、水草丰美，但自同治年间开围放垦后，千里松林几乎荡然无存，出现了几十万亩的荒山秃岭。改革开放以来，我国经济社会发展取得历史性成就，这既值得自豪和骄傲，也是世界上很多国家羡

---

① 《揭秘：震惊世界的"八大公害"污染事件》，《生命时报》2015年7月10日。

慕我们的地方。同时必须看到，我们也积累了大量生态环境"欠账"，成为人民群众反映强烈的突出问题。比如，各类环境污染呈高发态势，太湖蓝藻、松花湖污染、滇池污染等水污染突出；大气、土壤污染更是触目惊心，沙漠化、荒漠化不断侵袭百姓赖以生存的家园等，成为民心之痛、国土之殇。党的十八大前后，很多人为了摆脱糟糕的天气驱车千里而不能逃出雾霾笼罩，很多人靠回忆想象村前村后那清澈流淌的小河或碧波荡漾的池塘。更有国外记者一度写下"北京人生活在毒气罐里"的文字。

生态环境没有替代品，用之不觉，失之难存。保护环境就是保护生产力，改善环境就是发展生产力。习近平总书记深刻指出，在生态环境保护上，一定要树立大局观、长远观、整体观，不能因小失大、顾此失彼、寅吃卯粮、急功近利。各级领导干部对保护生态环境务必坚定信念，坚决摒弃损害甚至破坏生态环境的发展模式和做法，决不能再以牺牲生态环境为代价换取一时一地的经济增长。①党的十八大以来，中国从上到下，下定决心，以前所未有的力度抓生态文明建设，力求中华大地天蓝、山绿、水清、环境美。

绿水青山就是金山银山

2005年8月15日，时任浙江省委书记的习近平来到浙江安吉余村调研座谈，针对干部群众在如何处理环境保护与经济增长问题上出现的思想矛盾、困惑和彷徨，提出了"绿水青山就是金山银山"的"两山论"，为正处于推进生态立县关键时刻的安吉县指明了方向，也为正处于"成长中的烦恼"的浙江推进生态省建设提供了重要的理论指导和实践依据。

"两山论"这一崭新理念，使广大干部群众茅塞顿开、豁然

---

① 习近平：《论把握新发展阶段、贯彻新发展理念、构建新发展格局》，中央文献出版社，2021，第90页。

■ 浙江省湖州市安吉县，游客在余村"两山"景区"绿水青山就是金山银山"石碑附近参观

开朗。余村是"两山论"的重要发源地和实践地，更是受益者。十多年来，安吉县上下坚定不移贯彻这一重要理念，一任接着一任干，一张蓝图绘到底，成功走出了一条生态美、产业兴、百姓富的科学发展之路，实现了经济发展与生态保护的良性循环。现在，余村已经成为远近闻名的生态文明示范村，成为生态文明建设当之无愧的圣地。每天慕名而来的中外游客络绎不绝，盛赞安吉余村的生态人文与欧洲农村相比毫不逊色。余村所处的安吉，竹林众多。这里的大竹海就是电影《卧虎藏龙》的取景地，该片作为华语电影历史上第一部荣获奥斯卡金像奖最佳外语片的影片，被英国《卫报》评为"21世纪最佳影片100部"的第51名，安吉的名气享誉中外。"绿水青山就是金山银山"家喻户晓，不仅是干部群众最响亮的口号，而且逐渐成为人们自觉自愿的行动。

"两山论"不仅因应人与自然关系走向，而且反映了中国领导人对生态文明建设的深刻洞察。改革开放以来，随着社会发展和人民生活水平的提高，中国人对干净的水、清新的空气、安全的食品、优美的环境等美好事物的追求越来越强烈，老百姓过去盼温饱，现在盼环保；过去求生存，现在求生态。正是针对人民日益增长的美好生活需要，习近平总书记强调，环境就是民生，青山就是美丽，蓝天也是幸福，绿水青山就是金山银山，绝不能以牺牲生态文明为代价换取经济的一时发展。

在推动中国生态文明建设的过程中，习近平生态文明思想得以形成并发展。2018年5月，党中央召开全国生态环境保护大会，正式提出习近平生态文明思想。这一重要思想系统回答了"为什么建设生态文明、建设什么样的生态文明、怎样建设生态文明"等重大理论和实践问题，系统阐释人与自然、保护与发展、环境与民生、国内与国际等关系，标志着我们党对社会主义生态文明建设的规律性认识达到新的高度，成为新时代我国生态文明建设的根本遵循和行动指南。

在大会上，习近平总书记发表了重要讲话，不仅回顾了党的十八大以来中国推动生态文明建设的努力及其成效，而且着眼未来提出生态文明建设的六项重要原则，即"坚持人与自然和谐共生""绿水青山就是金山银山""良好生态环境是最普惠的民生福祉""山水林田湖草是生命共同体""用最严格制度最严密法治保护生态环境""共谋全球生态文明建设"。习近平总书记在讲话中还强调加快解决历史交汇期的生态环境问题，必须加快建立健全以生态价值观念为准则的生态文化体系，以产业生态化和生态产业化为主体的生态经济体系，以改善生态环境质量为核心的目标责任体系，以治理体系和治理能力现代化为保障的生态文明制度体系，以生态系统良性循环和环境风险有效防控为重点的生态安全体系。这五大体系共同构成生态文明体系。大会还就下一步生态文明建设作出了部署。这次会议是中国生态文明建设史上的一个重要里程碑。

党的十八大以来，我们深化生态文明示范创建，命名了6批468个生态文明示范区和187个"绿水青山就是金山银山"实践创新基地，引导各地积极探索绿色低碳高质量发展的新路子。人不负青山，青山定不负人。绿水青山既是自然财富，又是经济财富。2020年3月，习近平总书记再访余村，看到村里的可喜变化后指出："'绿水青山就是金山银山'理念已经成为全党全社会的共识和行动，成为新发展理念的重要组成部分。实践证明，经济发展不能以破坏生态为代价，生态本身就是经济，保护生态就是发展生产力。"①

全力建设美丽中国

美丽中国，重在建设。2012年党的十八大把生态文明建设纳入中国特色社会主义"五位一体"总体布局，生态文明建设被置于更加重要的位置。2017年党的十九大报告把"建设美丽中国"写入奋斗目标，明确提出到本世纪中叶把我国建设成为富强民主文明和谐美丽的社会主义现代化强国的目标。2018年十三届全国人大一次会议通过的宪法修正案，将这一目标写入宪法。进入新时代，中国坚持绿水青山就是金山银山的理念，全方位、全地域、全过程加强生态环境保护，以前所未有的力度抓生态文明建设，全力建设美丽中国。

党中央十分注重生态文明建设顶层设计和制度体系建设。保护生态环境必须依靠制度、依靠法治。我国生态环境保护中存在的突出问题大多同体制不健全、制度不严格、法治不严密、执行不到位、惩处不得力有关。因此，2013年11月召开的党的十八届三中全会确定深化生态文明体制改革。2015年4月，《中共中央　国务院关于加快推进生态文明建设的意见》出台；9月，中共中央、国务院印发的《生态文明体制改革总体方案》提出，到2020年，构建起由自然资源资产产权制度、国土空间开发保护制度、空间规划体系、资源总量管理和全面节约制度、资源有偿使用和生态补偿制度、环境治理体系、环境治理和生态保护市场体系、生态文明绩效考核和责任追究制度等八项制度构成的产权清晰、多元参与、激励约束并重、系统完整的生态文明制度体系，推进生态文明领域国家治理体系和治理能力现代化，努力走向社

---

① 习近平：《论坚持人与自然和谐共生》，中央文献出版社，2022，第138–139页。

会主义生态文明新时代。这个阶段，我们通过实施"史上最严环保法"，制定或修订大气污染防治法、水污染防治法、土壤污染防治法、长江保护法、环境影响评价法等多部相关法律；建立健全环境保护"党政同责"和"一岗双责"等制度，构建起生态文明制度体系的"四梁八柱"，为绿水青山保驾护航。

强化制度执行是重要一环。中央生态环境保护督察是执行制度的有力抓手。党的十八大后推行的中央生态环境保护督察成为各个地方加强生态文明建设的催化剂。习近平总书记强调，要强化中央生态环境保护督察权威，保证党中央关于生态文明建设决策部署落地生根见效。对破坏生态环境的行为不能手软，要下大力气抓破坏生态环境的反面典型，释放出严加惩处的信号。对任何地方、任何时候、任何人，凡是需要追责的，必须一追到底。①自2015年12月启动河北省督察试点以来，中央生态环境保护督察持续发力，在全国各地掀起了一场持久的生态环境保护督察风暴，极大地推动了环境保护工作。同时，对秦岭违建别墅、木里矿区非法采煤、破坏祁连山生态环境等一系列事情的严肃处理，大大加强了我们的制度执行力。

祁连山是黄河流域重要水源产流地、甘肃河西走廊的"生命线"，是西北地区乃至全国最为重要的生态安全屏障之一。1988年5月，国务院批准建立甘肃祁连山国家级自然保护区。然而，由于矿藏和水资源富集，祁连山自然生态曾因违规过度开发遭到严重破坏。祁连山生态环境破坏案是以牺牲环境换经济增长、借保护之名行破坏之实的典型案例，也是贯彻落实习近平总书记重要指示批示精神和党中央重大决策部署不力的反面教材。针对祁连山生态环境严重破坏问题，甘肃省做了一些工作，但情况没有明显改善，无休止探矿采矿、截流发电、过度放牧、旅游开发项目未批先建等问题依然突出，生态环境持续恶化。

2017年1月16日，中央电视台曝光了祁连山生态环境遭破

---

① 中共中央宣传部：《习近平新时代中国特色社会主义思想学习纲要（2023年版）》，学习出版社、人民出版社，2023，第230页。

■ 甘肃肃南，雨后的祁连山国家公园风光旖旎、壮美如画

坏问题；1月22日，《人民日报》以《祁连山：在生态之痛中苏醒》为题作了专题报道，引发社会普遍关注。习近平总书记高度重视，要求加强祁连山自然保护区生态环境保护工作。2月，党中央、国务院有关部门组成督查组，对祁连山自然保护区生态环境问题展开调查。6月，中共中央办公厅、国务院办公厅印发《关于甘肃祁连山国家级自然保护区生态环境问题督查处理情况及其教训的通报》，指出祁连山生态环境破坏的突出问题。

一是违法违规开发矿产资源问题严重。长期大规模违规探矿采矿，造成保护区局部植被破坏、水土流失、地表塌陷。保护区范围内仅肃南裕固族自治县境内就有532家大小矿山企业，保护区设置的144宗探矿权、采矿权中，有14宗是在国务院明确保护区划界后违法违规审批延续的，涉及保护区核心区3宗、缓冲区4宗。二是部分水电设施违法建设，违规运行。当地在祁连山区域黑河、石羊河、疏勒河等流域高强度开发水电项目，共建有水电站150余座，其中42座位于保护区内，存在违规审批、未批先建、手续不全等问题。仅张掖境内的干支流上就先后建成了46座水电站。三是周边企业偷排偷放问题突出。部分企业环保投入严重不足，污染治理设施缺乏，偷排偷放现象屡禁不止。四是生态环境突出问题整改不力。甘肃省对原环境保护部、原国家林业局提出的有关问题不重视、不真改，省政府报送的约谈整治方案瞒报漏报了31个探采矿项目，生态修复和整治工作进展缓慢。此外，还发现甘肃省制定的地方性法规政策与上位法规定及中央决策部署精神不符等问题。

根据中央纪委决定，甘肃省委、省政府批准对218名领导干部进行问责。其中，祁连山国家级自然保护区生态环境问题问责100人，包括省部级干部3人，厅级干部21人，处级干部44人，给予党纪处分39人、政务处分31人，移送司法机关2人，涉及范围之广、问责力度之大，在全国范围引起强烈震动，产生广泛影响。[①]

与此同时，党中央不断深化生态文明体制改革。2018年3月，新一轮党和国家机构改革启动，新组建了生态环境部。党中央决定组建生态环境部的主要考虑有两点：一是在污染防治上改变九龙治水的状况，整合职能，为打好污染防治攻坚战提供支撑；二是在生态保护修复上强化统一监管，坚决守住生态保护红线。打通地上和地下、岸上和水里、陆地和海洋、城市和农村，贯通污染防治和生态保护，加强生态环境保护统一监管。党中央要求，生态环境部门要履行好职责，统一政策规划标准制定，统一监测评估，统一监督执法，统一督察问责。要整合组建生态环境保护综合执法队伍，按照减少层次、整合队伍、提高效率的原则，优化职能配置，统一实行生态环境保护执法；健全区域流域海域生态环境管理体制，推进跨地区环保机构试点，整合相关部门和地方政府大气环境管理职责；加快组建流域环境监管执法机构，增强流域环境监管和行政执法合力；完善海域生态环境管理体制，按海域设置监管机构。

2023年7月27日上午，国务院新闻办公室就"加强生态环境保护，全面推进美丽中国建设"举行发布会，生态环境部部长总结了近些年来生态环境部所做的一些重点工作。

一是着力加强生态环境源头预防。全面推进生态环境分区管

---

① 《甘肃省通报中央环境保护督察移交生态环境损害责任追究问题问责情况》，《中国环境报》2018年3月30日。

控，全国共划定了约4万个环境管控单元，从而为高质量发展明底线、画边框。坚决遏制高耗能、高排放、低水平的项目盲目发展。截至2022年底，全国共淘汰落后和化解过剩产能钢铁约3亿吨、水泥4亿吨、平板玻璃1.5亿重量箱。

二是推动减污降碳协同增效。全国燃煤锅炉和窑炉从近50万台降低到目前不足10万台，减少燃煤使用量4亿多吨。北方地区完成农村散煤治理3700万户左右，减少散煤消费量7000多万吨。共有10.3亿千瓦煤电机组完成了超低排放改造，6.8亿吨钢铁产能完成或正在完成超低排放改造。淘汰老旧及高排放机动车辆超过3000万辆。

三是实施生态环境保护重大工程。大力推动环境基础设施建设，开展以生态环境为导向的项目开发（EOD）创新试点，大力发展生态环保产业。2022年，全国环保产业营业收入达到2.22万亿元，已经成为绿色经济的重要力量。

四是打造绿色发展高地。深入推进京津冀协同发展、长江经济带发展等国家区域重大战略生态环境保护工作，健全优化区域联防联控机制，形成共保联治的良好格局。①

党中央着力解决突出生态环境问题。一段时期，重污染天气、黑臭水体、垃圾围城等，严重影响人民群众生产生活，老百姓意见大、怨言多，甚至成为诱发社会不稳定的重要因素。党中央要求，要集中优势兵力，动员各方力量，群策群力、群防群治，一个战役一个战役打，打一场污染防治攻坚的人民战争。其中，坚决打赢蓝天保卫战是重中之重。这既是国内民众的迫切期盼，也是我们向国际社会作出的承诺。

党的十九大以后，我们以京津冀及周边、长三角、汾渭平原等为主战场，以北京为重点，以空气质量明显改善为刚性要求，强化联防联控，基本消除了重污染天气，还老百姓蓝天白云、繁星闪烁。同时，我们推行河长制、湖长制，深入实施水污

---

① 刘毅：《加强生态环境保护 全面推进美丽中国建设》，《人民日报》2023年7月28日。

染防治行动计划，打好水源地保护、城市黑臭水体治理、渤海综合治理、长江保护修复攻坚战，修复城市水生态系统，保障饮用水安全，基本消除了全国地级及以上城市的黑臭水体，还给老百姓清水绿岸、鱼翔浅底的景象。我们全面落实土壤污染防治行动计划，制定和实施土壤污染防治法，突出重点区域、行业和污染物，强化土壤污染管控和修复，有效防范风险，让老百姓吃得放心、住得安心。我们全面禁止洋垃圾入境，大幅减少进口固体废物种类和数量，严厉打击危险废物破坏环境违法行为，坚决遏制住危险废物非法转移、倾倒、利用和处理处置。近些年来，我们还积极调整农业投入结构，力争减少化肥农药使用量，增加有机肥使用比重，完善废旧地膜回收处理制度。推广"千万工程"经验，持续开展农村人居环境整治行动，实现全国行政村环境整治全覆盖，基本解决农村的垃圾、污水、厕所问题，打造美丽乡村，为老百姓留住了鸟语花香的田园风光。还着力推进了城镇留白增绿，使老百姓享有惬意生活和休闲空间。

我们推进山水林田湖草沙一体化保护和系统治理。生态文明建设必须坚持系统思维。2013年，习近平总书记创造性指出"山水林田湖是一个生命共同体"[①]；4年后，将"草"纳入这个体系；2021年全国两会参加内蒙古代表团审议，总书记强调一字之增："要统筹山水林田湖草沙系统治理，这里要加一个'沙'字。"[②]系统思维指导下的系统治理成效显著。典型的案例如云南昆明治水治岸，植树护绿，滇池水质已连续5年保持Ⅳ类，湖滨生态功能和生物多样性逐步恢复。"十三五"以来，我国在"三区四带"国家生态安全屏障累计完成生态保护和修复面积约537万公顷，美丽家园焕发勃勃生机。

在生态文明建设中，广大人民群众也日益接受绿色发展理念，养成绿色生活习惯，适应了绿色生活方式。从植绿护绿到

① 中共中央文献研究室编《习近平关于社会主义生态文明建设论述摘编》，中央文献出版社，2017，第55页。

② 人民日报社编《江山就是人民 人民就是江山：习近平总书记系列重要论述综述：2020-2021》，人民日报出版社，2022，第228页。

垃圾分类，从"光盘"行动到节约资源，亿万人民踊跃参与，"绿色"成为生产方式、管理方式，也成为生活方式、行为方式，"最美生态环境志愿者""最美生态护林员"持续涌现，[①]千百万河长、湖长精心守护着祖国的江河湖海，绿色低碳新风扑面而来。

共建地球生命共同体

地球是人类赖以生存的唯一家园，珍爱和呵护地球是人类唯一的选择。习近平总书记指出，人类只有一个地球，保护生态环境、推动可持续发展是各国的共同责任。中国不仅以自己的努力改善自己的生态，而且积极参与全球生态治理，成为全球生态文明建设的重要参与者、贡献者和引领者。

我国在防沙治沙方面走在全球前列，成为全球标杆。我国是世界上荒漠化最严重的国家之一，而且荒漠化地区与经济欠发达区、少数民族聚居区等高度耦合。荒漠化、风沙危害和水土流失导致的生态灾害，制约着区域经济社会发展，对中华民族的生存和发展构成挑战。

内蒙古的库布齐沙漠是中国第七大沙漠，总面积有1.86万平方公里，流动沙丘约占61%，曾是令人生畏的"死亡之海"。飞鸟无法穿越，植被无法存活，不适宜人类居住。1993年，11级强风把库布齐沙漠的黄沙卷起400米高，如蘑菇云般翻滚。在这次巨灾中，116人死亡，400多间房屋倒塌。

此后，我们开始认识、研究、防治沙尘暴。现在，当你站在沙丘之巅，眼前舒展起伏的金色沙海里穿插着一片片盎然的绿意。寂静沙漠里，只听得到风声和鸟鸣，植物的清香淡淡飘散，沙地里还有野生动物跑过的痕迹，深浅不一，生机盎然。作为全

---

① 赵永平、刘毅、王浩：《努力建设人与自然和谐共生的现代化——习近平总书记引领生态文明建设纪实》，《人民日报》2023年7月17日。

■ 内蒙古自治区鄂尔多斯市杭锦旗独贵塔拉镇，美丽的七星湖位于浩瀚的库布齐沙漠之中

球唯一被整体治理的沙漠，库布齐沙漠已经是教科书级别的世界奇迹。2015年，库布齐沙漠绿化成果更是以其突出的成绩和特殊的贡献，荣获联合国颁发的年度"土地生命奖"。

再比如，位于河北省北部的塞罕坝，曾经是一处水草丰沛、森林茂密、鸟兽聚集的天然名苑。清代在这里建有"木兰围场"，有过"秋高弓劲万马肥""千里红叶连霞飞"的壮丽景观。清末，国势衰微，内忧外患之际人们更加肆意砍伐，这里最终出现"黄沙遮天日，飞鸟无栖树"的悲凉场景。经过半个多世纪的努力植树造林，从1962年至2020年底，塞罕坝森林面积由24万亩增加到115万亩，森林覆盖率从18%提高到82%，林木总蓄积量由33万立方米增加到1036万立方米。塞罕坝的百万亩林海，对当地的生态环境保护和经济发展，发挥着不可估量的作用。在第三届联合国环境大会上，中国塞罕坝林场建设者被联合国环境规划署授予"地球卫士奖"。

事实证明，中国生态文明建设成就有了世界性影响，全球环境治理有了中国榜样。来自宁夏的王有德坚守"生命不息，治沙不止""宁肯自己掉下10斤肉，也不愿意让生态建设落了后"的信念，带领白芨滩防风固沙林场干部职工一起战沙魔，在黄河东岸营造了63万亩绿色屏障，阻挡住毛乌素沙地向西侵蚀，创造了世界闻名的"白芨滩治沙路径"，被评为"人民楷模""全国治沙英雄"。此外，还涌现出山西右玉、甘肃古浪八步沙、新疆阿克苏等先进典型区域和石光银、牛玉琴、石述柱、殷玉珍等治沙英雄事例。

党的十八大以来，我国防沙治沙工作取得举世瞩目的巨大成就，到2023年累计完成沙化土地治理任务2033万公顷，53%的可治理沙化土地得到治理，荒漠化、沙化土地面积分别比10年前净减少500万公顷、433万公顷，重点治理区实现从"沙进人退"到"绿进沙退"的历史性转变。我国率先实现了联合国2030年可持续发展议程提出的土地退化零增长目标，走出了一条符合自然规律、符合国情地情的中国特色防沙治沙道路。[1]2023年9月，我国发布的《全国防沙治沙规划（2021—2030年）》提出，到2030年，全国67%的可治理沙化土地得到治理。

我们防沙治沙的经验也与世界其他国家分享。2019年，宁夏与《联合国防治荒漠化公约》秘书处签署了《共建国际荒漠化防治知识管理中心合作备忘录》，建立了全国第一个省级林草局与联合国相关组织共建的荒漠化防治知识管理及技术培训中心。自2006年以来，宁夏先后承办阿拉伯国家防沙治沙技术培训班、荒漠化防治技术与实践国际研修班等9期培训班，培训36个国家、200余名国际学员，进一步加强对外合作交流，加强对外输出防沙治沙技术国际交流平台建设。中国防沙治沙经验走向世界，治沙成果国际影响力不断提升。

进入21世纪，全球气候变暖加速演进，气候系统更加不稳定，极端天气气候事件呈现频发、强发、广发特征。气候变化已成为21世纪人类生存和发展面临的重大挑战。中国在努力推动构

---

① 郭兆晖：《努力创造新时代中国防沙治沙新奇迹》，《光明日报》2023年9月15日。

建公平合理、合作共赢的全球环境治理体系的同时，积极参与全球气候治理，为全球应对气候变化作出重要贡献。这在推动达成《巴黎协定》上表现尤为突出。中国是世界上最大的发展中国家、第二大经济体和温室气体排放大国，为《巴黎协定》的达成、签署和生效不断作出贡献。习近平主席提出的"合作共赢、各尽所能""奉行法治、公平正义""包容互鉴、共同发展"的国际气候治理理念深入人心，为《巴黎协定》的达成发挥了建设性引领作用。2016年4月22日，时任国务院副总理作为习近平主席特使在纽约代表中国签署《巴黎协定》。中国作为主席国推动二十国集团首次就气候变化问题发表主席声明，推动各方签署协定。2016年9月3日二十国集团峰会召开前夕，习近平主席与美国总统奥巴马在杭州向联合国秘书长潘基文交存《巴黎协定》批准文书，为协定生效进程注入关键动力。中国用实际行动向世界表明，中国是全球气候治理进程的积极参与者、建设者和推动者。

中国还率先发布《中国落实2030年可持续发展议程国别方案》，实施《国家应对气候变化规划（2014—2020年）》《应对气候变化重点任务（2023—2025）》《国家适应气候变化战略2035》和《省级适应气候变化行动方案编制指南》。2020年9月22日，习近平主席代表中国政府承诺力争2030年前实现碳达峰，力争2060年前实现碳中和目标，并于2021年10月更新了国家自主贡献目标，不仅提升了各项承诺的减排力度，还新增了2030年风电和光伏发电总装机容量达到12亿千瓦以上的目标。[1]目前，我国碳达峰碳中和"1+N"政策、行动及保障体系基本形成。中国以实际行动彰显大国风范，兑现对全球的承诺。

生物多样性是维系地球健康、人类福祉和经济繁荣的基础，是地球生命共同体的血脉和根基。党的十八大以来的10年，我们积极推进全球生物多样性治理，引领全球生物多样性治理迈上新台阶，为全球生物多样性保护作出了中国贡献。2021年《生物多样性公约》第十五次缔约方大会（COP15）第一阶段会议在中国

---

① 《我国积极应对气候变化》，《经济日报》2023年7月31日。

昆明举行，国家主席习近平以视频方式出席领导人峰会并发表主旨讲话。大会以"生态文明：共建地球生命共同体"为主题，为推进全球生态文明建设和生物多样性保护贡献了中国智慧、中国方案和中国力量。习近平主席在COP15第一阶段领导人峰会上向世界宣布，中国正式设立三江源、大熊猫、东北虎豹、海南热带雨林、武夷山等第一批国家公园，保护面积达23万平方千米，涵盖近30%的陆域国家重点保护野生动植物种类。中国正在加快构建以国家公园为主体的自然保护地体系，逐步把自然生态系统最重要、自然景观最独特、自然遗产最精华、生物多样性最富集的区域纳入国家公园体系。在这次大会上，中国积极推进《生物多样性公约》及其相关公约进程，领导推动发布"昆明宣言"、达成"昆蒙框架"，开启全球生物多样性治理的新篇章。2021年云南亚洲象群北移南归，吸引世界目光，正是中国生物多样性保护和生态文明建设的最好注脚。

2023年9月20日，中国在纽约联合国总部签署《〈联合国海洋法公约〉下国家管辖范围以外区域海洋生物多样性的养护和可持续利用协定》。该协定谈判于2004年开始，于2023年6月最终达成，历经近20年。中国积极参与谈判进程，对该协定最终达成发挥了建设性作用，推动全球海洋治理建章立制迈出坚实步伐。在党的十八大以来的10年里，中国领导和推动了《联合国防治荒漠化公约》第十三次缔约方大会、《湿地公约》第十四次缔约方大会进程，达成了《联合国防治荒漠化公约2018—2030年战略框架》《2025—2030年全球湿地保护战略框架》等丰硕成果。①

此外，我们还加强南南合作以及同周边国家合作，共同打造绿色"一带一路"，帮助发展中国家提高环境治理能力。未来，中国愿同各方一道，共筑生态文明之基，共走绿色发展之路，共建地球生命共同体，让子孙后代既能享有丰富的物质财富，又能遥望星空、看见青山、闻见花香、听见鸟鸣。

---

① 黄润秋：《引领全球生物多样性走向恢复之路》，《光明日报》2023年5月20日。

共生
共荣

2023年10月2日，连接印尼首都雅加达和旅游名城万隆的雅万高铁正式启用。这是东南亚的首条高速铁路，是中国和印尼两国务实合作的标志性项目，也是中国高铁首次全系统、全要素、全产业链在海外落地的高速铁路项目。印尼总统在2023年9月13日从首都雅加达哈利姆站乘坐高铁列车赴西爪哇省帕达拉朗站期间表示，这是他第一次乘坐雅万高铁，在列车以350千米时速运行时感觉很平稳、很舒适，希望印尼民众能够更多使用公共交通工具，乘坐雅万高铁。[①]高铁作为中国制造的金色名片，走出国门，享誉世界。来自瑞士的乔治·豪尔、马克斯·冯·泽德维茨指出，中国建造了全球领先的桥梁，铺筑了长达20000千米的高速铁路网络，还有位于四川稻城海拔4410米的全世界最高机场。在建设交通基础设施方面，中国可谓世界之最。[②]截至2021年，全球超过500米的摩天高楼共有10座，中国就占了6座。中国制造确实为国家扬威、为世界添彩。

---

① 《印尼总统首乘雅万高铁：很平稳、很舒适》，《北海日报》2023年9月15日。

② 乔治·豪尔、马克斯·冯·泽德维茨：《从中国制造到中国创造：中国如何成为全球创新者》，许佳译，中信出版集团，2017，前言。

第四章

为世界提供
更多更好的
中国制造和
中国创造

中国的高铁是怎样炼成的

铁路、火车对于中国而言都是舶来品。1825年9月，世界上公认的第一条公共运营铁路——达林顿铁路在英国通车。半个多世纪以后，中国开始与铁路有了亲密接触。1876年，英国商人在上海以英国道路公司的名义修建淞沪铁路，全长12千米，不久就被拆除。那时，不少中国人对铁路和火车还有很多误解。实际意义上的中国第一条铁路是唐胥铁路，它于1881年5月开工兴建，同年11月完工，起自唐山，止于胥各庄，现为北京至沈阳铁路的一段。后来，中国又有了京汉铁路、京张铁路、粤汉铁路等。1912年，中华民国临时大总统孙中山提出了宏伟全面的铁路建设计划，设计了连通全国的3条主要干线，总长20万千米。在此后的《实业计划》"第四计划"中，孙中山又进一步细化和周密化，设计了5条贯通全国的铁路大干线，但由于战事频仍，有很

■ 2024年春节期间，印尼民众在雅万高铁车站举行舞狮表演

多设想没有实现。

中华人民共和国成立后，中国共产党高度重视铁路建设，不仅设立铁道部，还有人员众多的铁道兵。比较早开工建设的是从成都到重庆的成渝铁路。1950年6月15日，成都举行了成渝铁路开工典礼。邓小平莅临致辞，贺龙亲手将一面绣有"开路先锋"的锦旗授予筑路大军。当天，筑路一总队高举"开路先锋"的旗帜，开赴九龙坡、油溪工地，揭开了修筑成渝铁路的序幕。1952年7月1日，成渝铁路全线通车。成渝铁路是中国自行设计施工，完全采用国产材料修建的第一条铁路。后来，我国又修建起宝成铁路、大秦铁路、京九铁路、青藏铁路等。但那时的火车跑起来，时速也就几十千米。中华人民共和国成立后，毛泽东访问苏联，乘坐的专列从北京到莫斯科行驶了整整十天。1978年10月26日下午，邓小平访日期间，从东京到京都时乘坐新干线"光-81号"超特快列车。当时，日本新干线列车时速超过200千米。因此，邓小平在火车上应日本记者之请谈对新干线的观感时说："就感觉到快，有催人跑的意思，我们正合适坐这样的车。"①

进入改革开放新时期，中国铁路建设飞速发展，火车也不断提速。从1997年到2007年10年间，中国铁路经历了6次大提速。其中，1997年4月1日零时，中国铁路第一次大提速调图全面实施，拉开了铁路提速的序幕。这次提速调图，提速列车最高运行时速达到了140千米；全国铁路旅客列车平均旅行速度由1993年的时速48.1千米，提高到时速54.9千米；首次开通了快速列车和夕发朝至列车。2007年4月18日零时实施的第六次大提速，是在京哈、京沪等既有干线实施的时速200千米的提速，部分有条件区段列车运行速度可达250千米，时速200千米提速线路延展里程一次达到6003千米，标志着中国铁路既有线提速跻身世界先进铁路行列。

中国老百姓坐着火车，可以去往960多万平方千米土地上的

---

① 《邓小平年谱（1975—1997）》（上），中央文献出版社，2004，第413页。

天南地北，来到祖国东部的平原，到达祖国南方的海边，走进祖国西部的沙漠，踏上祖国北方的草原，去观三山五岳，去看大江大河，去游览祖国大好河山。现在又开通了"旅游专列"，有发往西北、东北等方向的多条线路。少则几天、多则十几天的行程里，火车经过多个省份；每到一处景点所在地便停下，游客下车去景点游玩，结束后回到车上，火车继续出发，驶向下一处景点。看，有了火车，远方已不再遥远。火车既是故乡，也是远方。

在诗意与远方中，火车经历了从工业时代的蒸汽机车到石油时代的内燃机车，再到如今的高铁的华丽演变。其中，每一次的列车提速，背后都是科学技术的飞跃。名动天下的日本"新干线"，屡破纪录的法国"TVG"，一鸣惊人的德国"ICE"，不断超越自己的西班牙"Talgo"……在高速铁路的舞台上，世界各国展开了激烈的竞赛。中国在1992年第一次召开高速铁路发展研讨会，得出高速铁路的建设应当尽快起步的结论。从2004年开始，中国花费巨资从加拿大、日本、德国等国引进各项先进的高铁技术，加快建设具有中国速度和中国特色的高速铁路。中国博采众长，以庞大市场换尖端技术，结合中国实际再创新创造，中国高铁建设可谓后来居上。2008年，中国第一条高速铁路——京津城际高速铁路通车。

在快速发展的过程中，中国高速列车也从和谐号升级为复兴号。2017年6月25日，"复兴号"正式作为中国标准动车组的名称，并于26日在京沪高铁正式双向首发。复兴号动车组在京沪高铁率先实现350千米时速运营，使得中国成为世界上高铁商业运营速度最高的国家。2018年6月8日下午，国家主席习近平同俄罗斯总统普京共同乘坐高铁，从北京前往天津，出席中俄友好交流活动。普京坐在高铁上一路感慨地说，有一种浪漫的感觉。

中国高铁不仅帮助中国人提高了移动速度，而且走向海外、造福世界。2013年8月20日，阿根廷政府发布公告，正式批准从南车青岛四方采购铁路设备，这不仅是阿根廷政府最大的一次性投资政府采购项目（总计约10亿美元），也是中国企业在南美获得的最大的轨道交通装备订单。[①]10月，中国高铁展在泰国举办。青岛四方的CRH380A新一代高速列车在展会上亮相，引起广泛关注。为了这个车型的研制乃至高速列车的技术创新，我们经历了艰苦的过程，在取得诸多突破的同时，也积累了很多技术成果，获得了169项国家专利，有20多所大学和十几个科研院所的科研人员参与其中。2019年6月中旬，中国中车下属的中车唐山机车车辆有限公司在意大利都灵举行意大利现代轨道交通技术联合研发中心揭牌仪式。中国中车副总裁王军说，这个全球性的研发中心以中车唐山公司控股的意大利蓝色工程技术公司为依托，旨在进一步推动两国在交通领域的技术合作，为当地提供创新交通运输解决方案，同时为其他国家提供交通领域技术服务。

世界银行发布的《中国的高速铁路发展》报告认为，中国高铁的发展经验值得别国借鉴。报告认为，中国的《中长期铁路网规划》为高铁体系发展提供了清晰框架。与此同时，凭借设计和程序标准化，中国建设高铁成本约为其他国家建设成本的三分之二。"中国修建了世界上最大的高速铁路网，其影响远远超过铁路行业本身，也带来了城市发展模式的改变、旅游业的增长以及对区域经济增长的促进。"世界银行中国局局长芮泽说，"广大民众现在能够以比过去任何时候都更便利、更可靠的方式出行，高铁网建设也为未来减少温室气体排放打下了基础。"[②]

进入新时代，中国高铁网络迅速发展，通过持续的投资和建设，中国高铁已经形成了世界上最长、最繁忙的高速铁路网络。截至2022年底，中国高铁运营里程超过4.2万千米，覆盖了全国大部分主要城市。中国高铁里程占世界高铁总里程的三分之二以上，稳居世界第一。近10年来，我国高铁年均投产3500千米，"四纵四横"高铁主骨架全面建成，"八纵八横"高铁主通道加密成型。笔者的老家——山东聊城年底也开通了郑济高铁，对于有近600万人口的聊城来讲，进入高铁时代意味着搭上了经济社

---

① 赵忆宁：《大国工程》，中国人民大学出版社，2018，第82页。
② 刘红霞：《世行报告点赞中国高铁》，《人民日报》（海外版）2019年7月9日。

会发展的黄金快车。

2023年10月4日，美国有线电视新闻网（CNN）在其社交媒体账号上刊载了福厦高铁的报道。报道称，这条时速高达350千米、全长277千米的沿海高铁在黄金周前开通，使多山的福建省两大城市福州和厦门之间的旅行时间缩短到不到1小时。新高铁经过84座桥梁、29条隧道，包括长达20千米的海上铁路。为建设这条"海上高铁"，中国使用智能机器人和高强度环保耐腐蚀钢。文章带着羡慕的语气称，"中国的高铁野心仍在不断增长"。对此，不少美国网友在评论区回复称："这太快了，美国这么多年还没有这样的高铁。""这表明中国科技在不断进步。"[1]2023年中国十一黄金周前不久新开通的不仅有福厦高铁，还有广汕高铁、沪宁沿江高铁、贵南高铁等。这些新的线路在假日期间受到沿线民众青睐，成为出行首选，客流量持续走高。

高铁这一现代化交通的快速发展，给中国的老百姓带来诸多便利。中国高铁犹如一条条巨龙，为中国经济社会前行注入了强大动力。

中国的高桥是怎样建设的

中国贵州，高山耸立，鲜有平地，正所谓"地无三尺平，天无三日晴"。改革开放以来，贵州发生了翻天覆地的变化。作为全国唯一没有平原支撑的省份，贵州凭借着逢山开路、遇水架桥的现代愚公移山精神，伴随着跨越天堑、拥抱世界的梦想与渴望，在17.6万平方千米的大地上，于千沟万壑间架起3万多座桥梁，实现悬索、斜拉、拱式、梁式类型全覆盖，成为当代桥梁的百科全书，创造了数十个"世界第一"，赢得了"世界桥梁看中

---

① 萧达、林森、陶短房、柳玉鹏、陈康：《中国黄金周火热程度令外媒赞叹》，《环球时报》2023年10月7日。

国，中国桥梁看贵州"的美誉。在贵州建桥，会遇到很多世界级的难题，但也激励了桥梁建设者们用世界级的技术，造出世界级的大桥。如今，贵州的桥梁几乎囊括了所有桥型，已成为桥梁工程的博物馆。中国荣获"桥梁界诺贝尔奖"——"古斯塔夫·林德撒尔奖"的桥梁有9座，而贵州省就占4席。

2013年，位于云贵两省交界处的北盘江大桥正式动工。桥梁位于尼珠河峡谷之上，地势险峻，两边是陡峭的悬崖，工程难度是世界级的，然而中国仅仅用时三年就建成了这座世界级桥梁。该桥全长1341.4米，桥面至江面距离565.4米，2018年被吉尼斯世界纪录认证为世界第一高桥，也是目前全球规模最大的一座悬索桥。贵州平塘大桥为平塘至罗甸高速公路的控制性工程，横跨槽渡河峡谷两岸，桥梁全长2135米，主塔高332米，是世界上最高的混凝土桥塔。当人们观看贵州的大桥雄伟壮观，山与水浑然一体、险和柔完美相融的景象时会不由自主地感叹，这简直是贵州天然景观的一个小样本，凝聚着贵州人民的聪明才智和胆识。贵州的桥梁，同样反映了中国建造桥梁的技术已经位居世界前列。也正是通过一座座桥梁，富起来的贵州人民走向全国甚至周游世界。

中国还有很多值得说的大桥。比如港珠澳大桥，在2018年10月23日正式开通。从提出构想到正式通车，中国人期盼了35年。当年，外国专家认为这一工程难度太大，无法想象，也做不到。为了完成这一"不可能完成"的任务，港珠澳大桥的设计师和施工人员创造性地开展工作，历时14年，投入了巨额的资金和人力，创造了许多世界之最和工程奇迹。据统计，港珠澳大桥的建设总投资约为1266亿元人民币，其中主体工程约为720亿元人民币，连接线路约为546亿元人民币。

为了保证航运安全，港珠澳大桥采用了沉管隧道穿越伶仃洋航道，沉管隧道由33节预制钢筋混凝土管节组成，每节管节重达8万吨，相当于一艘航母。安装沉管隧道需要精确控制水下沉放位置、角度和深度，同时考虑水流、风浪、地震等影响因素。这是一项极其复杂和精密的工作，要求工程人员精通水下工程和土

■ 从香港大屿山远眺港珠澳大桥雄姿，东西人工岛及内地与香港段桥梁似双龙出海，蔚为壮观

木工程知识，采用精密的水下定位技术和水下施工设备。

为了保证桥梁结构的稳定性，港珠澳大桥采用了世界上最大的钢箱梁桥墩和最大的钢混凝土组合桥塔。钢箱梁桥墩是由钢板焊接而成的空心结构，它可以承受巨大的水压和风压，同时减轻桥梁的重量和成本。钢混凝土组合桥塔是由钢筋混凝土与钢结构相结合的复合结构，它能提高桥塔的刚度和抗震性能，同时增加桥塔的美观性和耐久性。这些创新的结构设计和施工技术为大桥的稳固运行提供了坚实的保障。

港珠澳大桥通车之后，英国《卫报》将其称为"现代世界七大奇迹"之一。"从前要开3小时，现在走大桥只用45分钟，太方便了！"2018年10月24日，香港居民庄东平作为首位经过港珠澳大桥抵达内地的货车司机，在谈及在世界最长跨海大桥上的行驶感受时连声赞叹："很痛快！"据港珠澳大桥边检站统计，2023年10月2日经珠海公路口岸出入境旅客超过10.7万人次，是港珠澳大桥开通以来第三次单日客流破10万人次，创近4年来新高；出入境车辆首次突破1.4万辆次，刷新口岸开通以来的最高纪录。①可见，港珠澳大桥不仅有利于推动桥梁两端的经济发展，还促使内地和港澳地区经济交流更加紧密，是当之无愧的"圆梦桥、同心桥、自信桥、复兴桥"。

再比如，平潭海峡公铁大桥，于2013年11月13日动工建设，在2019年9月25日完成全部桥梁合龙工程，大桥全线贯通。2020年10月1日大桥公路段通车试运营，12月26日大桥铁路段通车运营。它是中国第一座真正意义上的公铁两用跨海大桥，是连接福州城区和平潭综合实验区的快速通道，远期规划可延长到台湾，对促进两岸经贸合作和文化交流等具有重要意义。它确实是一项大国超级工程，实现了平潭铁路零的突破。

中国名桥多，与中国造桥历史源远流长有关。中国是桥的故乡，自古就有"桥的国度"之称。遍布在神州大地的桥梁，编织成四通八达的交通网络，连接起祖国的四面八方。中国古代桥梁的建筑艺术，有不少是世界桥梁史上的创举，充分显示了中国古代劳动人民的非凡智慧。潮州广济桥、河北赵州桥、泉州洛阳桥、北京卢沟桥被称为"中国四大古桥"。其中河北赵州桥，横跨洨水南北两岸，建于隋朝大业年间（605—616年），是著名匠师李春建造，距今已有1400多年的历史，闻名遐迩，甲于天下。因桥体全部用石料建成，俗称"大石桥"。赵州桥以其非凡的特色，被誉为"天下第一桥""世界奇迹"。1961年3月4日，赵州桥被中华人民共和国国务院公布为第一批全国重点文物保护单位。1991年9月4日，又被美国土木工程师学会选定为第十二个"国际土木工程里程碑"，并在桥北端东侧建造了"国际土木工程历史古迹"铜牌纪念碑。

中国名桥多，与中国建设者们善于通过创造解决难题有关。每座世界知名大桥的建设，都会遇到前所未有的难题和挑战。其

---

① 胡健、贺林平：《促进往来互通　加速深度融合》，《人民日报》2023年10月26日。

中，距离宝岛台湾最近的平潭海峡是世界三大风暴海域之一，风大、浪高、流急、岩硬。5000多名建设者用了整整7年时间，建成了平潭海峡公铁大桥这座施工难度极高的桥。这座世界最长的跨海峡公铁两用大桥，串起人屿岛、长屿岛、小练岛。不创新，很难完成这样的超级工程。大桥施工方不断优化创新施工方案。例如铁路节段梁提运架方案变更，一次就实现两孔同步架设，同时变海上运输为台后直接运梁上桥模式，还有移动模架、高墩支架、塔吊作业、钢板桩围堰、挂篮施工、孤岛物资管理等各个方面均进行了有效的方案优化。建设中，施工方创造性使用了双孔连做节段拼装造桥技术。为适应大风环境，减少海上、高空作业风险，施工方采用中国国内首创双孔连做节段拼装造桥机，节段从台后上桥进行节段梁施工，避免了节段梁海运，该方案一次过孔可同时架设两孔梁，减少过孔次数，降低了安全隐患；与原施工工期相比提前6个月完成架设，提高了施工工效，为中国国内双孔连做造桥机施工技术拉开序幕。正是依靠建设者们的创新举措，才铸就了这一历史性成就。

中国的造船是怎样扬帆出海的

中国造船一度十分落后，近代中国遭遇落后挨打的悲惨命运，与此有很大关系。当年，英国等帝国主义国家就是凭借着坚船利炮攻陷中国国门的。就全球的造船业而言，大型邮轮、大型液化天然气（LNG）运输船，由于设计建造难度极高，与航空母舰并称为造船工业"皇冠上的三颗明珠"。能够建造此类船舶，是一个国家工业实力和科技水平的集中体现。在经过艰苦努力后，中国成功把这"三颗明珠"摘到手，表明了中国造船工业已经达到新的高度。

2023年6月的一天，上海外高桥造船码头，323.6米长、24层楼高、13.55万总吨的"爱达·魔都号"静静停靠在这里。这是由中国船舶外高桥造船厂建造的我国首制大型邮轮。大型邮轮是名副其实的巨大系统工程，以"爱达·魔都号"为例，全船零件数量多达2500万个。工程物量大、技术难度高、供应链协同复杂，使得大型邮轮的设计建造难度极大，长期以来被少数几家欧洲船厂垄断。为此，我国组织数十家单位开展技术攻关，相继突破了重量重心、振动噪声和安全返港等领域的关键技术，以及薄板焊接变形控制等22项工艺难点，有力保障了我国首制大型邮轮建设的顺利推进。"爱达·魔都号"于2019年10月开工，2023年6月出坞，已于2023年11月交付。因产业链长、带动性强，邮轮产业被誉为"漂浮在黄金水道上的黄金产业"。一艘大型邮轮仅总装建造就能创造超过5000个就业岗位，邮轮制造对经济发展的拉动比例可达1∶14。2022年8月，第二艘国产大型邮轮开工建造，我国向着大型邮轮批量化、系列化建造迈出重要一步。[①]这表明，中国造船技术、科技水平在不断提升。

大型LNG运输船是国际公认的高技术、高附加值、高可靠性船舶。这种船被称为"海上超级冷冻车"，需要创造低于零下163摄氏度的液化天然气储存环境，同时还要在长途运输中确保遭遇海浪颠簸、极端天气等情况时不发生泄漏。由于其建造难度极大，曾长期被国外垄断。1998年，沪东中华造船厂开始通过与法国工程公司（GTT）合作，积累LNG船的相关技术。经过10年探索，2008年4月3日，沪东中华造船厂建造的国内首艘LNG船"大鹏昊"号正式交付，成为中国造船业迈向中高端的标志性事件。这艘耗资高达1.6亿美元、几乎等于五艘普通巴拿马型散货轮总造价的液化天然气船，其钢材消耗量仅相当于一艘7万吨散货轮。进入新时代，2015年1月8日，在沪东中华造船厂长兴1号码头前，由中船集团建造的世界首制17.2万方LNG船举行了命名仪式，成为我国首艘出口LNG船。巴布亚新几内亚总理夫人琳达·芭宝·奥尼尔女士欣然将该船命名为"巴布亚"号，并举行了传统的敲香槟仪式。从这一年开始，在被誉为世界造船业"皇

---

① 张泉、贾远琨：《摘取造船工业"皇冠上的明珠"——中国高质量发展亮点透视之一》，《北海日报》2023年8月22日。

冠上的明珠"的LNG船市场上，中国正式宣告打破日韩垄断，形成中、日、韩三足鼎立的局面。

目前，我国已形成以沪东中华、大船重工、江南造船、招商海门和江苏扬子江船业为主的多个大型LNG运输船建造企业集群，实现了奋起直追、迭代创新的长足发展，不断缩短着与国际同行的差距。中国船舶工业行业协会数据显示，2022年，我国承接大型LNG运输船的全球订单份额超过30%，创历史新高；2023年1月至7月，中国承接大型LNG运输船18艘，占全球总量的35%，市场份额进一步提升。在这个领域，中国人依靠自己的聪明才智，打拼出了新天地。

拥有一艘真正属于自己的航空母舰，一直是中国人的梦想。中国从1985年开始先后获得了4艘航空母舰，分别是墨尔本号、基辅号、明斯克号、瓦良格号，但是最终只有瓦良格号航空母舰完成续建和改装，在2012年加入中国海军，成为中国第一艘航空母舰。它被命名为"辽宁舰"，舷号16。辽宁舰是中国第一艘航空母舰，也是中国航母发展史上的里程碑。它的服役标志着中国成为继美国、俄罗斯、英国和法国之后，世界上为数不多的拥有航母的国家。

2017年，以辽宁舰为蓝本建造的山东舰在大连造船厂下水，2019年12月17日该航母正式入列，被命名为"中国人民解放军海军山东舰"，舷号17。山东舰是我国自主设计、自主配套、自主建造的首艘航母，有20多层楼高，300多米长，舰上共有3000多个舱室。它的入列标志着人民海军进入双航母时代。

随着2022年6月17日中国第三艘航空母舰福建舰的下水，中国海军进入三航母时代。福建舰是一艘采用电磁弹射器，平直飞行甲板布局，排水量超过8万吨的超级航母。它标志着中国航母的发展进入新的阶段。这是中国第二艘国产航空母舰，也是首艘中国完全自行设计建造的弹射型航空母舰。

中国通过短短10年的时间，实现了其他海军强国需要几十年才能完成的目标，从一个拥有航空母舰的国家，到现在拥有三艘大型航空母舰的海军强国，并且拥有完整的航空母舰设计和建造技术。也有消息称，中国正在新建新型动力的航母，让我们拭目以待。中国航母的数量和质量的提升，意味着中国的海防力量大大加强，意味着中国守护蓝色国土的能力不断提升。

近些年来，我国每年下水的军舰总数在世界排名都比较靠前，被形象地称为"下饺子"。这展现了我国舰船建造有着非常强大的实力，当然还不仅仅是数量上，在质量上我们的舰艇也有出色的表现，尤其在技术上的持续升级。2023年8月，中国船东拥有的船队规模达到2.492亿总吨，从总吨上超越长期"霸榜"的希腊。船东是指《船舶所有权证书》的合法持有人，也是合法拥有船舶主权的人，而船东国则是这些拥有船舶主权的人所在国家。成为世界最大船东国，意味着该国拥有全球最为庞大的船队规模。独特的地理位置使得希腊拥有悠久的航海历史和较强的航运实力。相比之下，曾以农耕文明为主的中国在航运领域"后来者居上"实属不易。15世纪初，明朝郑和下西洋，船队声势浩大，船只高大威猛，但此后明朝实施海禁政策，清朝后期又闭关锁国，使得中国造船技术大大落后。正是中华人民共和国成立后，我们奋起直追，不断超越，才有了新时代中国造船的大好局面。我们要再接再厉，一如既往，靠实干苦干，继续在世界造船业方面展现中国风采、贡献中国智慧。

中国的大飞机是怎样一飞冲天的

2022年12月9日上午，总部位于中国经济中心城市上海的中国商飞公司，向中国东方航空交付全球首架C919大型客机。C919是中国首款按照国际通行适航标准自行研制、具有自主知识产权的国产大飞机，采用单通道窄体布局，座级158至192座，航程4075至5555千米。C919首架机的交付是继C919获颁中国民航局型号合格证后，我国大飞机事业征程上的又一重要里程碑，意味着历经几代人的努力，我国民航运输市场将首次拥有中国自主研发的喷气式干线飞机。这也意味着，在全球民航市场上，不仅有欧洲空客、美国波音，还有了来自亚洲的中国大飞机。

很多国人尤其是航空界的人士对此是百感交集。

回想当年，中华人民共和国成立后，我们的生产力比较低下，制造业水平比较落后。国家领导人在国际访问时，仍然乘坐其他国家生产的飞机，这对一个大国来说，无疑是一种尴尬。有的国家领导人就说，我们的外交部部长，出国不能坐自己的飞机，地位就与别的国家不同。因此，中国开始考虑研发自己的客机。20世纪六七十年代，在毛泽东、周恩来等党和国家领导人的推动下，中央军委国防工业领导小组、国家计委批准了空军航空工业提出的"708工程"，着手建造属于自己的大飞机，定下飞机代号为"运-10"。经过10年的艰苦努力，1980年9月26日，"运-10"飞机在上海进行首次试飞。飞机绕场两周后着陆，"运-10"首飞成功，这一消息在国内外引起强烈反响。然而，"运-10"的研发并非一帆风顺。由于高昂的研发成本，仅仅两年后，这一项目便陷入停滞，于1986年中止。尽管如此，"运-10"的诞生为中国航空工业树立了里程碑，证明了中国的科技实力。但遗憾的是，当时造不如借、借不如买的论调甚嚣尘上，使得"工程不能停，成果不能丢，队伍不能散"的"三不能"成了"工程全部停，成果全部丢，队伍全部散"的"三全部"。20世纪90年代的中国，在对外开放方面进展巨大，但在民用飞机制造方面没有什么大的动作，以至于中国上空的民航客机被空客和波音"霸占"。

2003年春天，心系国家的王大珩院士亲笔上书国务院总理。在这份建议中，他恳切陈词，提出中国要有自己的大飞机。2003年5月25日，国务院总理专门听取了他的建议。对于自己的建议引起了总理的重视和专门探望，王大珩心中非常激动。他谈起国家大力发展航空工业，要在开发、预研、人才培养等多方面予以倾斜。这些建议得到了总理的重视。同年6月，国家正式启动"中长期科技发展规划纲要"的编制工作；11月，陆续成立了由国务院批准的国家重大专项论证组，大飞机专项就是其中之一。

2007年，大型飞机重大专项正式立项。2008年，为实施大型飞机重大专项中大型客机项目，中国商飞公司成立。随后，首型国产大飞机被命名为"C919"。之所以如此命名，是因为当时国际上有两家飞机供应商都是以公司的名字命名的，中国商飞公司的简写是COMAC，当时选择第一个字母"C"，同时也不希望跟其他的飞机型号重叠，又希望选择一个很好的数字。商飞觉得9是中国人最喜欢的一个数字，所以就选择一个9，当时想的是9X9，就是919、929、939、949等。C919大飞机研制是巨大的系统工程，国内有24个省市、1000余家企事业单位、近30万人参与攻关，全球有23个国家和地区、500多家供应商参与协作大型客机研制。

十年磨一剑。2017年5月5日，C919完成了一次堪称完美的首飞。作为总设计师的吴光辉出现在首飞现场，细心的同事发现，吴光辉原本一头黑发在10年内几乎全部变白。从2008年出任总设计师，到2017年C919首飞，再到如今C919正式交付，经过14年的独立攻关，吴光辉带领团队攻克了100多项关键技术，为C919的安全飞行提供了坚实保障。而随着C919一步步走完设计、制造、试验、试飞、适航取证以及交付的全过程，中国几代人的国产大飞机事业也逐渐从梦想成为现实。①看着中国自己的大飞机翱翔蓝天，也有人质疑中国大飞机的自主创新能力如何。据C919项目常务副总设计师陈迎春介绍，我们这一型号的飞机自主创新有5个标志：第一，飞机的总体方案自定；第二，气动外形由中国自主设计、自己试验完成；第三，飞机的机体从设计、计算、试验到指导全是中国自己做；第四，系统集成由中国自己完成；第五，中国自己的特色管理。②

从2023年5月28日开始，中国商飞打造的国产大飞机C919已经正式开启商业载客。C919订单数已经达到1061架，并且已经交付2架。2023年9月举行的中国—东盟博览会期间，中国商飞获得

---

① 杨甜子：《天空从此有了"C" C919总师与乘客一起"圆梦"》，《扬子晚报》2023年5月29日。

② 张立伟：《国产大飞机下线：中国制造的伟大时刻》，《21世纪经济报道》2015年11月2日。

■ 2024年的新加坡航展上，国产商用飞机C919首次亮相国际航展

来自文莱骐骥航空的30架飞机订单，包括C919飞机和ARJ21飞机（含货机、商务和医疗版本）。这是海外航空公司第一个C919订单，正在筹建、预计于2024年首航的骐骥航空有望成为全球首家开航机型为中国国产大飞机的海外航司。据可靠消息，新一代国产大飞机，中国商飞C929也进入初步设计阶段。真心希望，中国的大飞机进入新的发展阶段。

除了上述提到的中国高铁、中国造船、中国造桥和中国大飞机纷纷在世界上亮相，引起了全球的高度关注外，我们的"太空速递"也非常安全，先后把十多名航天员送上浩瀚太空；我们的北斗卫星也星罗棋布，成为全球技术最为先进的导航系统之一；我们的白鹤滩水电站，是当今世界在建规模最大、技术难度最高的水电工程。还有我们的外贸新三样：电动载人汽车、锂电池、太阳能电池更是表现亮眼。这些来自中国的制造正在刷新全世界对中国制造业水平的认知，不少其他国家的人爱上了中国造。

当然，中国也深知"中国制造"还需要向"中国智造"出发，努力进行升级换代，不断提高自主创新水平。2015年5月8日，国务院颁布了《中国制造2025》，勾勒出中国制造发展的蓝图，中国将通过自己的努力，进入世界制造业强国第一方阵的前列。①2022年召开的党的二十大也提出"加快建设制造强国、质量强国、航天强国、交通强国、网络强国、数字中国"②的奋斗目标。2023年7月以来，习近平总书记在四川、黑龙江、浙江、广西等地考察调研时，提出要整合科技创新资源，引领发展战略性新兴产业和未来产业，加快形成新质生产力。在12月举行的中央经济工作会议上，他又提出要以科技创新推动产业创新，特别是以颠覆性技术和前沿技术催生新产业、新模式、新动能，发展新质生产力。这都为中国制造明确了努力方向。过去的努力，中国已经证明了自己的实力；不久的将来，中国也一定能为世界奉献更具智慧的中国造。

---

① 金碚：《中国制造2025》，中信出版集团，2015，第349页。
② 《习近平著作选读》第1卷，人民出版社，2023，第25页。

2023年，世界知识产权组织于当地时间9月29日发布《2022年全球创新指数报告》。报告显示，中国排名第11位，较上年再上升1位，连续10年稳步提升，位居36个中高收入经济体之首。报告指出，中国的创新与发展呈现出良好的正向关系，创新投入转化为更多更高质量的创新产出。报告从创新投入和创新产出两个方面，设置了政策环境、人力资本与研究、基础设施、市场成熟度、商业成熟度、知识与技术产出、创意产出等7个大类81项细分指标，对全球132个经济体的创新生态系统表现进行综合评价排名。[①]其中，韩国排名第10、日本排名第13。2013年以前的中国在这项排名中还没进入前30名。这些年来中国究竟采取了哪些举措，使得举国上下创新动力十足、创新观念广泛深入人心，使得中国创新为世界发展注入了强大动力呢？

---

① 潘旭涛：《全球创新指数中国位列第11位》，《人民日报》（海外版）2022年9月30日。

第五章

中国创新为
世界发展注
入强大动力

创新是第一动力

世界历史表明，创新是人类前行的动力。正是因为不断创新，人类才摆脱蒙昧走向文明。数千年来，人类从农业文明到工业文明再到现在的信息文明，创新的作用举足轻重。著名经济学家熊彼特作为创新理论的提出者，曾指出创新是一种"革命性"变化。他曾作过这样一个形象的比喻：你不管把多大数量的驿路马车或邮车连续相加，也决不能得到一条铁路，"而恰恰就是这种'革命性'变化的发生，才是我们要涉及的问题，也就是在一种非常狭窄和正式的意义上的经济发展的问题"。这道出了创新的重要性和丰富性。

创新是一个民族的灵魂，是一个国家兴旺发达的不竭动力。古代中国一直强调创新，有"周虽旧邦，其命维新""苟日新，日日新"等诸多说法。近代中国，仁人志士为了摆脱落后挨打的悲惨命运，既承继中华民族古代文明，又强调自新自强。革命家孙中山17岁在香港求学时，取号"日新"，后来的"逸仙"亦为"日新"谐音。

作为中华优秀传统文化的继承人、建设中华民族现代文明的领导者和实践者，中国共产党人对创新的理解更加深刻丰富。党的创始人之一陈独秀不仅创办引领时代潮流的杂志《新青年》，还指出："新文化运动要注重创造的精神。创造就是进化，世界上不断的进化只是不断的创造，离开创造便没有进化了。我们不但对于旧文化不满足，对于新文化也要不满足才好；不但对于东方文化不满足，对于西洋文化也要不满足才好；不满足才有创造的余地。"可见，陈独秀把社会进步的本质归结为创新，在那个华夏觉醒的年代，李大钊、毛泽东等党的创始人也呼吁鼓励创

■ 1919年5月，李大钊为《新青年》主编了《马克思主义研究专号》（第六卷第五号）

新。比如，李大钊说，"人生最有趣味的事情，就是送旧迎新，因为人类最高的欲求，是在时时创造新的生活"[①]。在革命实践中，毛泽东深感照抄照搬别国革命方法之弊，明确提出反对本本主义，率先提出马克思主义中国化，表明具有强烈的创新意识。

"文革"结束后，邓小平强调不改革只能是死路一条，他关于改革开放是第二次革命的论述，就包含了创新创造的意蕴。在1995年的全国科学技术大会上，江泽民指出："创新是一个民族进步的灵魂，是国家兴旺发达的不竭动力。如果自主创新能力上不去，一味靠技术引进，就永远难以摆脱技术落后的局面。一个没有创新能力的民族，难以屹立于世界先进民族之林。"[②]2012年的全国科技创新大会进一步强调，科技是人类智慧的伟大结晶，创新是文明进步的不竭动力。当今世界，科技创新更加广泛地影响着经济社会发展和人民生活，科技发展水平更加深刻地反映出一个国家的综合国力和核心竞争力。胡锦涛在这次大会上指出："到2020年，我们要达到的目标是：基本建成适应社会主义市场经济体制、符合科技发展规律的中国特色国家创新体系，原始创新能力明显提高，集成创新、引进消化吸收再创新能力大幅增强，关键领域科学研究实现原创性重大突破，战略性高技术领域技术研发实现跨越式发展，若干领域创新成果进入世界前列；创新环境更加优化，创新效益大幅提高，创新人才竞相涌现，全民科学素质普遍提高，科技支撑引领经济社会发展能力大幅提升，进入创新型国家行列。"[③]

唯创新者进，唯创新者强，唯创新者胜。21世纪新阶段，中国开始着力建设创新型国家。《国家中长期科学和技术发展规划纲要（2006—2020年）》明确到2020年，我们要实现的目标是：基本建成适应社会主义市场经济体制、符合科技发展规律的中国特色国家创新体系，原始创新能力明显提高，集成创新、引进消化吸收再创新能力大幅增强，关键领域科学研究实现原创性重大

---

① 《李大钊全集》第3卷，河北教育出版社，1999，第127页。
② 《江泽民文选》第1卷，人民出版社，2006，第432页。
③ 胡锦涛：《中国2020年要成为创新型国家》，《人民日报》2012年7月8日。

突破，战略性高技术领域技术研发实现跨越式发展，若干领域创新成果进入世界前列；创新环境更加优化，创新效益大幅提高，创新人才竞相涌现，全民科学素质普遍提高，科技支撑引领经济社会发展能力大幅提升，进入创新型国家行列。

国家从六个方面着力推进实现这一目标：第一，进一步推动发展更多依靠创新驱动，坚持把科技摆在优先发展的战略位置，把科技创新作为经济发展的内生动力，激发全社会创造活力，推动科技实力、经济实力、综合国力实现新的重大跨越；第二，进一步提高自主创新能力，大力培育和发展战略性新兴产业，运用高新技术加快改造、提升传统产业，加快农业科技创新，发展关系民生和社会管理创新的科学技术，推进基础前沿研究；第三，进一步深化科技体制改革，着力强化企业技术创新主体地位，提高科研院所和高等学校服务经济社会发展能力，推动创新体系协调发展，强化科技资源开放共享，深化科技管理体制改革；第四，进一步完善人才发展机制，坚持尊重劳动、尊重知识、尊重人才、尊重创造的重大方针，统筹各类人才发展，建设一支规模宏大、结构合理、素质优良的创新人才队伍；第五，进一步优化创新环境，完善和落实促进科技成果转化应用的政策措施，促进科技和金融结合，加强知识产权创造、运用、保护、管理，在全社会进一步形成讲科学、爱科学、学科学、用科学的浓厚氛围和良好风尚；第六，进一步扩大科技开放合作，提高我国科技发展国际化水平，在更高起点上推进自主创新。[①]

行动来自认知，正确的行动来自正确的认知。随着我们对创新重要性的认知不断深化，在新时代我们对推动创新更加重视。习近平总书记把创新尤其是科技创新提到了更加重要、更加突出的位置。习近平总书记认为，创新是引领发展的第一动力。抓创新就是抓发展，谋创新就是谋未来。[②]中国正在实施的

①　《胡锦涛文选》第3卷，人民出版社，2016，第599-604页。

②　中共中央党史和文献研究院、中央学习贯彻习近平新时代中国特色社会主义思想主题教育领导小组办公室编《习近平新时代中国特色社会主义思想专题摘编》，党建读物出版社、中央文献出版社，2023，第191页。

"十四五"规划，把创新放在核心地位，该规划纲要指出：坚持创新在我国现代化建设全局中的核心地位，把科技自立自强作为国家发展的战略支撑，面向世界科技前沿、面向经济主战场、面向国家重大需求、面向人民生命健康，深入实施科教兴国战略、人才强国战略、创新驱动发展战略，完善国家创新体系，加快建设科技强国。2022年召开的党的二十大更是把"创新是第一动力"写进了党代会报告，强调要坚持创新在我国现代化建设全局中的核心地位，强调完善科技创新体系，加快实施创新驱动发展战略。

新时代的中国共产党和中国政府，已经把创新摆在了非常重要的地位。这不仅是因应新的科技革命浪潮和大国竞争日趋激烈的需要，更是中国能否如期全面建成社会主义现代化强国的关键所在。

实施创新驱动发展战略

2023年在中国浙江杭州举办的第19届亚运会一时举世关注，不仅是中国90后的年轻人展现的青春活力和靓丽风采火出了圈，

■ 杭州奥体中心，"绿电"点亮亚运场馆

科技含量极高的开幕式、闭幕式也为大家津津乐道。比赛过程中频频出现的高科技更是令人惊喜。可以说，2023年杭州亚运会不仅是一场酣畅的体育盛事，更是一场硬核的"黑科技"大赏——机器人、数字火炬手、智能超表面、可见光交互、裸眼3D······从开幕式到赛事运行，再到运动员与观众的食、住、行，"智能""耀眼""眩目""未来感"贯穿办赛、参赛、观赛的方方面面。① 比赛场馆中的机器狗不仅可以运球拍、捡铁饼，还能够充当拉拉队员。这些气度非凡的机器狗多诞生在杭州市的滨江区。浙江杭州市滨江区有一条物联网街，全长大概1800米，拥有15家上市公司，市值接近7000亿元，被很多人称为"浙江最牛科技街"。这些令人眼前一亮的成果，都与中国坚定不移实施创新驱动战略密切相关。

创新驱动就是创新成为引领发展的第一动力，科技创新与制度创新、管理创新、商业模式创新、业态创新和文化创新相结合，推动发展方式向依靠持续的知识积累、技术进步和劳动力素质提升转变，促进经济向形态更高级、分工更精细、结构更合理的阶段演进。"创新驱动发展战略"在党的十八大报告中首次亮相。2015年3月，《中共中央　国务院关于深化体制机制改革加快实施创新驱动发展战略的若干意见》印发，该意见提出必须深化体制机制改革，加快实施创新驱动发展战略，并提出要为创新营造良好的社会环境。一年后的2016年5月，中共中央、国务院又印发《国家创新驱动发展战略纲要》，为加快实施国家创新驱动发展战略作出部署。2021年5月28日，习近平总书记在中国科学院第二十次院士大会、中国工程院第十五次院士大会和中国科协第十次全国代表大会上讲话时指出，深入实施科教兴国战略、人才强国战略、创新驱动发展战略，完善国家创新体系，加快建设科技强国，实现高水平科技自立自强。

在改革开放新时期实施科教兴国战略、建设创新型国家的基

---

① 《"黑科技"如何释放红利，让城市"新"起来？》，《杭州日报》2023年11月2日。

础上，以习近平同志为核心的党中央之所以在新时代决定实施创新驱动发展战略，与复杂多变的国内外形势和中共的初心使命等都有很大关系。一是创新驱动是国家命运所系。国家力量的核心支撑是科技创新能力。创新强则国运昌，创新弱则国运殆。我国近代落后挨打的重要原因是与历次科技革命失之交臂，导致科技弱、国力弱。实现中华民族伟大复兴的中国梦，必须真正用好科学技术这个最高意义上的革命力量和有力杠杆。二是创新驱动是世界大势所趋。全球新一轮科技革命、产业变革和军事变革加速演进，科学探索从微观到宇观各个尺度上向纵深拓展，以智能、绿色、泛在为特征的群体性技术革命将引发国际产业分工重大调整，颠覆性技术不断涌现，正在重塑世界竞争格局、改变国家力量对比，创新驱动成为许多国家谋求竞争优势的核心战略。我国既面临赶超跨越的难得历史机遇，也面临差距拉大的严峻挑战。唯有勇立世界科技创新潮头，才能赢得发展主动权，为人类文明进步作出更大贡献。三是创新驱动是发展形势所迫。我国经济发展进入新常态，传统发展动力不断减弱，粗放型增长方式难以为继。因此，必须依靠创新驱动打造发展新引擎，培育新的经济增长点，持续提升我国经济发展的质量和效益，开辟我国发展的新空间，实现经济保持中高速增长和产业迈向中高端水平的"双目标"。

同时也要看到，我国创新驱动发展已具备发力加速的基础。经过多年努力，科技发展正在进入由量的增长向质的提升的跃升期，科研体系日益完备，人才队伍不断壮大，科学、技术、工程、产业的自主创新能力快速提升。经济转型升级、民生持续改善和国防现代化建设对创新提出了巨大需求。庞大的市场规模、完备的产业体系、多样化的消费需求与互联网时代创新效率的提升相结合，为创新提供了广阔空间。

中国特色社会主义制度能够有效结合集中力量办大事和市场配置资源的优势，为实现创新驱动发展提供根本保障。但还要看到，我国许多产业仍处于全球价值链的中低端，一些关键核心技术受制于人，发达国家在科学前沿和高技术领域仍然占据明显领先优势，我国支撑产业升级、引领未来发展的科学技术储备亟待加强。适应创新驱动的体制机制亟待建立健全，企业创新动力不足，创新体系整体效能不高，经济发展尚未真正转到依靠创新的轨道。科技人才队伍大而不强，领军人才和高技能人才缺乏，创新型企业家群体亟须发展壮大。激励创新的市场环境和社会氛围仍需进一步培育和优化。

在我国加快推进中国式现代化、实现"两个一百年"奋斗目标和中华民族伟大复兴中国梦的关键阶段，必须始终坚持"抓创新就是抓发展、谋创新就是谋未来"的理念，让创新成为国家意志和全社会的共同行动，走出一条从人才强、科技强到产业强、经济强、国家强的发展新路径，为我国未来十几年乃至更长时间创造一个新的增长周期。

为贯彻落实好创新驱动发展战略，我们作出了详细部署，提出要按照"坚持双轮驱动、构建一个体系、推动六大转变"进行布局，构建新的发展动力系统。其中"双轮驱动"就是科技创新和体制机制创新两个轮子相互协调、持续发力。抓创新首先要抓科技创新，补短板首先要补科技创新的短板。科学发现对技术进步有决定性的引领作用，技术进步有力推动发现科学规律。要明确支撑发展的方向和重点，加强科学探索和技术攻关，形成持续创新的系统能力。体制机制创新是指要调整一切不适应创新驱动发展的生产关系，统筹推进科技、经济和政府治理等三方面体制机制改革，最大限度释放创新活力。

"一个体系"就是建设国家创新体系。要建设各类创新主体协同互动和创新要素顺畅流动、高效配置的生态系统，形成创新驱动发展的实践载体、制度安排和环境保障。明确企业、科研院所、高校、社会组织等各类创新主体功能定位，构建开放高效的创新网络，建设军民融合的国防科技协同创新平台；改进创新治理，进一步明确政府和市场分工，构建统筹配置创新资源的机制；完善激励创新的政策体系、保护创新的法律制度，构建鼓励创新的社会环境，激发全社会创新活力。

"六大转变"就是发展方式从以规模扩张为主导的粗放式

■ 2023年12月19日，全国大学生机器人科技创新交流营暨机器人大赛在山东日照举办

增长向以质量效益为主导的可持续发展转变；发展要素从传统要素主导发展向创新要素主导发展转变；产业分工从价值链中低端向价值链中高端转变；创新能力从"跟踪、并行、领跑"并存、"跟踪"为主向"并行""领跑"为主转变；资源配置从以研发环节为主向产业链、创新链、资金链统筹配置转变；创新群体从以科技人员的小众为主向小众与大众创新创业互动转变。

在新时代，我们牢牢抓住变化的社会主要矛盾，坚持转变经济发展方式不动摇，把创新作为前进的核心动力，不断推动产业分工向价值链中高端转变。中国民营科技企业华为在频遭美国无理打压的背景下，砥砺前行，锐意创新，营业额企稳回升。2023年8月，华为Mate 60手机的公开发售引爆国际舆论，彰显了科技创新的中国实力、中国智慧。当华为发布这一款新手机时，从西方国家到东方国家，从发达国家到发展中国家，无人不为华为的勇毅前行震惊感叹。

在一些高科技领域，中国已经身处"领跑"地位。在5G技术方面，中国是全球第一个实现5G商用的国家，拥有全球最大的5G基站数量。中国5G技术的研发和应用处于世界领先地位，为各行各业提供了更快速、更稳定的网络链接。在电子商务方面，中国是全球最大的电子商务市场，拥有庞大的互联网用户群体和成熟的电商生态系统。中国的电子商务技术和模式创新在全球范围内具有影响力，推动了全球电子商务的发展。在移动支付方面，中国是全球最大的移动支付市场，拥有超过10亿的移动支付用户。中国的移动支付技术和商业模式创新在全球范围内具有领先地位，为消费者提供了便捷、安全的支付方式。在遍布中国大街小巷里的菜市场内，你会发现卖菜的商户和买菜的大爷大叔、大妈大姐都在熟练运用移动支付。中国还流行这样的话："手机干掉了小偷""移动支付干掉了钱包"。

在新能源汽车方面，中国是全球最大的新能源汽车市场，也是全球最大的电动汽车生产国。中国的新能源汽车技术和产业化发展处于世界领先地位，推动了全球新能源汽车的发展。在2023年10月举行的广交会上，新能源板块是众多海外采购商最爱去的展区之一：外形炫酷的新能源汽车，迷你可爱的低速电动车，全屋一体式光伏储能设备……几乎每一件新能源产品旁，都有大量的海外采购商围观，新能源产品大放光芒。

在无人机技术方面，中国也取得了重要突破，包括无人机设计、制造、应用领域的创新。中国的无人机产品和技术在全球范围内具有竞争力，被广泛应用于军事、民用等领域。比如中国大疆无人机被广泛应用于影视、农业、新闻、消防、航拍、遥感测绘等多个领域，在全球无人机市场中已经占有相当份额。美国五角大楼甚至美国的空军、海军等也购买过中国的无人机产品。这一切都表明，中国实施创新驱动发展战略取得卓著成效。

推动大众创业、万众创新

中国创新一路前行，与中国政府提倡的"大众创业、万众创新"有很大关系。在2014年9月夏季达沃斯论坛上，国务院总理李克强提出，要在全国掀起"大众创业""草根创业"的新浪潮，形成"万众创新""人人创新"的新势态。此后，"大众创业、万众创新"的"双创"就成为中国社会流行语,中国大地上也掀起了阵阵创新浪潮。时任国务院总理李克强在首届世界互联网大会、国务院常务会议和2015年政府工作报告等诸多场合和文件中频频阐释这一关键词。他每到一地考察,都要与当地年轻的"创客"会面。这大大激发了中华民族的创业精神和创新基因。2022年9月15日,李克强总理在北京人民大会堂出席2022年全国大众创业万众创新活动周启动仪式,并发表重要讲话。李克强总理说,近年来,在以习近平同志为核心的党中央坚强领导下,全国上下共同奋斗,我国经济砥砺前行。其中"双创"功不可没。"双创"的要义在"众",三人成众,何况大众万众。人人都有创造力,"双创"就是要聚众智、汇众力,更大激发市场活力和社会创造力。

可以说,这些年"双创"蓬勃发展,"创客"们的创业创新精彩纷呈,有的虽历经波折但矢志不渝,许多人靠智慧和勤劳创出一片天地,每年1300万人城镇新增就业大部分是新增市场主体、初创企业增加的就业岗位,令人鼓舞。

为推动创业创新扎实展开,中央政府下大力气推行了"放管服"改革,几乎每年都召开会议部署、推进。2013年以来,中央政府从"简政放权"入手,进而推动"放管结合""优化服务",由点到面、循序渐进,三管齐下、协同发力。"放管服"改革以推进建设现代政府为目标,以推动有效市场和有为政府更好结合为主线,以培育壮大市场主体为重点,以创新行政管理和服务方式为抓手,依法依规简除烦苛、完善监管、优化服务,调动了全社会创业创新的热情,为经济发展赋予了强大动能,努力让人民过上好日子。[①]

在中国大地上,"双创"与"放管服"改革互促共进,培育壮大了市场主体,形成支撑我国市场经济的庞大基础。创业带动了大量就业,创新成就众多创业。"双创"推动大中小企业融通

---

① 中共中央党史和文献研究院编《十九大以来重要文献选编》(下),中央文献出版社,2023,第864页。

发展，促进了新动能快速成长，新产业、新业态、新模式占经济总量的比重不断上升。"双创"契合科技创新网络化等特征，把千千万万"个脑"连成创造力强的"群脑"，提升了创新能力。实践证明，"双创"是创业创新观念和模式的变革，激励千万人起而行之，把亿万普通人的智慧汇集起来，在奋斗中创造财富，促进了社会纵向流动和公平正义。

实施人才强国战略

推动创新的关键是人才。人类历史上，科技和人才总是向发展势头好、文明程度高、创新活跃度高的地方集聚。14—16世纪以来，全球先后形成5个科学和人才中心。一是16世纪的意大利，文艺复兴运动促进了科学发展，产生了哥白尼、维萨里、伽利略、达·芬奇等一大批科学家，诞生了《天体运行论》、《人体结构》、天文望远镜等一大批科学名著和科学发明。二是17世纪的英国，培根经验主义理论和"知识就是力量"的理念加速了科学进步，产生了牛顿、波义耳等科学大师，开辟了力学、化学等多个学科，成为推动第一次工业革命的先导。三是18世纪的法国，启蒙运动营造了向往科学的社会氛围，产生了以拉格朗日、拉普拉斯、拉瓦锡、安培等为代表的一大批卓越科学家，在分析力学、热力学、化学等学科领域作出重大建树。四是19世纪的德国，产生了爱因斯坦、普朗克、欧姆、高斯、黎曼、李比希、霍夫曼等一大批科学家，创立了相对论、量子力学、有机化学、细胞学说等重大科学理论。五是20世纪的美国，集聚了费米、冯·诺依曼等一大批科学家，产生了贝尔、爱迪生、肖克利等一大批发明家，美国获得了近70%的诺贝尔奖，产出占同期世界总数60%以上的科学成果，集聚了全球近50%的"高被引科学家"①。

---

① 高被引科学家通常指在其学术领域内，发表的论文被其他研究者高度引用和广泛认可的科学家。

中国人深知千秋伟业、人才为本，自古以来就非常重视人才。战国时期的齐孟尝君、魏信陵君、赵平原君、楚春申君四公子皆喜养士，门下号称有"食客三千人"，这些人各有能耐。同时，中国反复强调"为政之要，惟在得人""育材造士，为国之本"，唐太宗李世民试图囊括天下人才为其所用。古人尚且如此，作为最先进的政治组织——中国共产党更是重视延揽人才。中华人民共和国成立后，中国共产党采取一系列措施，吸引大量"海归"，不远万里回国效劳。改革开放以来，中国共产党更是重视人才。1978年12月，党的十一届三中全会之后，中共中央鲜明树立"尊重知识、尊重人才"的理念，全面落实知识分子政策，恢复高考招生制度、职称制度、院士制度，建立了博士后培养制度及享受政府特殊津贴专家、有突出贡献的中青年专家、"百千万人才工程"选拔制度，使大批知识分子和各类人才投身经济建设，为推进社会主义现代化事业提供了强有力的人才保障。在中央的号召下，地方也是八仙过海、各显神通，用很多招式来吸引人才。比如，1983年3月29日，河北省正定县为了广揽人才，在《河北日报》刊发了以"人才九条"为主要内容的消息《正定县为有志之士敞开大门》。省内外媒体纷纷转载报道，一时间引起强烈反响。这是后来成长为中共中央总书记的习近平的大手笔。当时，他任河北省石家庄正定县委书记。

随着对人才作用认识的加深和现代化建设对人才需求的激增，2000年的中央经济工作会议首次提出"要制定和实施人才战略"。同年，党的十五届五中全会提出，要把培养、吸引和用好人才作为一项重大的战略任务切实抓好，努力建设一支宏大的、高素质的人才队伍。2001年发布的《中华人民共和国国民经济和社会发展第十个五年计划纲要》专章提出"实施人才战略，壮大人才队伍"。这是中国首次将人才战略确立为国家战略。2002年，中共中央、国务院颁布实施的《2002—2005年全国人才队伍建设规划纲要》，首次提出"实施人才强国战略"。

2003年12月，中共中央召开第一次全国人才工作会议，随后下发了《中共中央 国务院关于进一步加强人才工作的决定》，

■ 2023年2月20日，第一届粤港澳大湾区人才服务高质量发展大会在粤港澳
大湾区（广东）人才港举行，中国工程院院士何镜堂在会上发言

突出强调实施人才强国战略是党和国家一项重大而紧迫的任务，并进一步明确了21世纪新阶段中国人才工作的重要意义，全面部署了人才工作的根本任务，制定了一系列有关方针政策。2007年，人才强国战略作为发展中国特色社会主义的三大基本战略之一，写进了《中国共产党章程》和党的十七大报告。由此，人才强国战略的实施进入了全面推进的新阶段。

进入中国特色社会主义新时代，我们对人才工作的规律性认识被概括为"八个坚持"，即坚持党对人才工作的全面领导，坚持人才引领发展的战略地位，坚持面向世界科技前沿、面向经济主战场、面向国家重大需求、面向人民生命健康，坚持全方位培养用好人才，坚持深化人才发展体制机制改革，坚持聚天下英才而用之，坚持营造识才爱才敬才用才的环境，坚持弘扬科学家精神。①这"八个坚持"在我国人才事业发展进程中具有重大政治意义、理论意义、实践意义，是指引我们做好人才工作的思想指引。

正是在这些规律性认识的指引下，在中国特色社会主义新时代我们深入实施人才强国战略。坚持人才是第一资源，召开中央人才工作会议，对人才工作、深入实施人才强国战略作出部署；牢牢把握加快建设世界重要人才中心和创新高地的战略目标、深化人才发展体制机制改革这个重要保障、加快建设国家战略人才力量这个重中之重、全方位培养引进用好人才这个重点任务，②推动人才工作迈上新台阶；实施多种多样的人才计划，吸引全球人才来华工作。

山东聊城有一位农民的后代，从北京大学医学部博士毕业后又到美国的著名医疗机构做博士后，由于成绩突出，被北京市作为人才引进。北京不仅为他创造了良好的创业条件，还解决了其家人的北京市户口，使他全身心投入医学科研工作。华为更是在全球搜罗人才，为企业发展注入强大动力，在全球设立实验室进行技术创新。可以说，华为最大的财富就是人才储备、思想存储和理论存储。在中国，这样的例子不胜枚举。

当然，中国政府还鼓励企业创新，鼓励科学家精神和企业家精神。著名的企业家都意识到，拥有世界一流的理念、品牌，是企业的长青之道，而背后恰恰需要世界一流的人才和创新的能力。中国发展的希望就是来自这些数以亿万计的人才、具有创新意识和创新能力的企业。中国已经走在了正确的道路上，并且正在以巨大的勇气准备克服各种困难，在创新型国家上百尺竿头更进一步。

---

① 《习近平著作选读》第2卷，人民出版社，2023，第517—519页。
② 中央组织部人才工作局：《深入实施新时代人才强国战略》，《人民日报》2022年1月13日。

共生
共荣

　　2013年秋天，国家主席习近平在哈萨克斯坦和印度尼西亚先后提出共建丝绸之路经济带和21世纪海上丝绸之路，即"一带一路"倡议①。10年来，"一带一路"合作从亚欧大陆延伸到非洲和拉美，150多个国家、30多个国际组织签署共建"一带一路"合作文件，举办了3届"一带一路"国际合作高峰论坛，成立了20多个专业领域多边合作平台。②联合国大会、联合国安理会等重要决议也纳入共建"一带一路"倡议内容。在各方的共同努力下，共建"一带一路"从中国倡议走向国际实践，从理念转化为行动，从愿景转变为现实，从谋篇布局的"大写意"到精耕细作的"工笔画"，取得一系列实打实、沉甸甸的成就，成为深受欢迎的国际公共产品和国际合作平台。西班牙中国问题专家苏傲古在接受新华社记者专访时表示，共建"一带一路"倡议在促进各国设施联通、贸易往来和人文交流等方面产生了巨大影响，为推进全球互联互通提供更多可能性。③

①　《习近平著作选读》第1卷，人民出版社，2023，第590页。
②　习近平：《建设开放包容、互联互通、共同发展的世界——在第三届"一带一路"国际合作高峰论坛开幕式上的主旨演讲》（2023年10月18日，北京），《人民日报》2023年10月19日。
③　陈雨峰、张霓、魏梦佳：《"一带一路"为推进全球互联互通提供更多可能性——专访西班牙中国问题专家苏傲古》，yidaiyilu.gov.cn/P/047GH4B8.html，访问日期：2023年10月24日。

第六章

共建"一带一路"成为深受欢迎的国际公共产品

"钢铁驼队"：开通中欧班列

2011年3月19日，首列重庆至德国杜伊斯堡的国际列车探索开行，这标志着首趟中欧班列在重庆诞生。2012年10月24日，首列武汉至捷克帕尔杜比采的国际列车探索开行。2013年3月18日，从德国杜伊斯堡发车的国际列车顺利抵达重庆，实现了中欧回程国际列车零的突破。这一系列事件表明了中欧班列的开通和运行的初级阶段的一些情况。在中国坚定不移实施对外开放战略、不断扩大对外开放，尤其是推出共建"一带一路"倡议后，中欧班列作为设施联通、贸易畅通的重要载体和纽带，日益成为"一带一路"上的亮丽风景线。

随着中欧班列运营的规模越来越大，为规范班列运行，2014年8月14日，首次中欧运输协调会议在中国重庆召开，与会各方签署了《关于建立中欧班列国内运输协调会备忘录》。8月，中

■ 重庆铁路口岸中铁联集重庆中心站，是中欧班列（重庆）的起点

国铁路总公司制定出台《中欧班列组织管理暂行办法》，确定了按"六统一、两保障"（"六统一"即统一品牌标志、统一运输组织、统一全程价格、统一服务标准、统一经营团队、统一协调平台，"两保障"即强化机制和装备保障）精心打造中欧班列统一品牌的思路，提出了根据不同区域货源走向分西、中、东三个方向构建中欧铁路大通道，打造中欧班列"快捷准时、安全稳定、绿色环保"的国际物流品牌。2015年1月，中国铁路95306国际联运需求自动化办理功能上线，改变了中欧班列传统电报申请和电报商定模式，将办理时间从7～10天压缩到最快0.5天。2015年3月28日，中国发布《推动共建丝绸之路经济带和21世纪海上丝绸之路的愿景与行动》，提出"建立中欧通道铁路运输、口岸通关协调机制，打造'中欧班列'品牌"。同年7月，铁路合作组织公布修订的《国际铁路货物联运协定》，其中取消了关于禁止铁路运送邮包专运物品的条款，为中欧班列常态化运邮消除了规章限制。10月15日，中欧班列累计开行突破1000列。

2016年6月8日，中欧班列统一品牌正式发布启用。统一品牌和标志的中欧班列分别从中国的重庆、成都、郑州、武汉、长沙、苏州、东莞、义乌等八地始发；20日，国家主席习近平同波兰总统杜达在华沙共同出席统一品牌中欧班列首达欧洲仪式；10月8日，中国推进"一带一路"建设工作领导小组办公室印发《中欧班列建设发展规划（2016—2020年）》，这是中欧班列建设发展的首个顶层设计。2021年6月20日，中欧班列统一品牌五周年工作座谈会在北京召开，会议研究部署了新阶段推进中欧班列高质量发展各项工作，提出制定中欧班列"1+N+X"政策文件。随着制度机制的不断健全完善，中欧班列运营日益上台阶、上规模。至2022年9月13日，中欧班列历年累计开行突破6万列。2023年1月12日，在中欧班列运输协调委员会第七次全体会议上，委员会各成员单位审议签署《维护中欧班列统一品牌形象承诺书》。①

---

① 上述中欧班列发展史上的重大事件均来自中欧班列网。

■ 中欧班列10多年来不断开拓创新，线路从无到有，运力从少到多，开辟了亚欧大陆陆路运输新通道和经贸合作新桥梁

日夜不息，驰骋万里。经过10多年的探索发展，"钢铁驼队"已从"初出茅庐"变为"双向奔赴"：一边是数以万计价廉物美的中国商品通过中欧班列销往世界各地，成为广受青睐的畅销品；另一边是来自全球的带有各国印记的高质量货物进入更多中国寻常百姓家。

中欧班列的开通运营，不仅把中欧的货物运往各自需要的地方，为全球更多国家的老百姓带去满满的幸福感，而且带动了沿线很多城市的发展。德国的杜伊斯堡就是这样一座城市。杜伊斯堡位于德国著名的鲁尔工业区，过去，这里运入煤炭，产出钢铁，大部分时间，这座城市都被笼罩在烟囱制造的阴霾中。20世纪80年代，杜伊斯堡开始关停煤矿和钢铁企业，启动第一轮城市转型，依托莱茵河建设内河港。但由于整个鲁尔工业区工业结构偏重，现代产业竞争力下降，使得杜伊斯堡难以完全挖掘港口交通、物流枢纽的潜力。从那时到21世纪的第一个10年，杜伊斯堡发展遭遇停滞，城市失业率高企，部分区域犯罪猖獗，整个城市陷入挣扎，被称为"失去的20年"。中欧班列的开通、杜伊斯堡的地理位置等，都为这座城市重新焕发勃勃生机提供了历史性机遇。2014年3月，国家主席习近平对德国进行国事访问，杜伊斯堡是受访城市之一。这座城市的管弦乐队用传统矿业歌曲来欢迎习近平主席。在时任德国副总理加布里尔的陪同下，习近平主席在杜伊斯堡港口码头迎接了一列来自重庆的货运列车——"渝新欧"班列。随后，"郑新欧""兰新欧""义新欧"等班列不断涌现，最终汇聚成了现在中欧班列的滚滚洪流。通过中欧班列，杜伊斯堡把自己欧洲"十字路口"、毗邻莱茵河的区位优势发挥得淋漓尽致，很快成为中欧班列线路最多、运量最大和货值最高的"一带一路"重要节点城市之一。在这里，中欧班列可直接开到莱茵河畔，货物通过岸桥装载到船上，沿河运送到沿岸地区，或者由火车、卡车，运往比利时、希腊、荷兰等国。当前，杜伊斯堡正大力推行可持续性和数字化发展，围绕宽带和5G、电子政务、基础设施等七个领域展开积极行动，为包括中国企业在内的投资者创造更多机会。①

■ 杜伊斯堡港地处欧洲重要工业中心鲁尔区，是德国最大的内河港，也是世界第一大内河港

---

① 《中欧班列"越跑越快" 杜伊斯堡迎来新机遇》，《重庆日报》2023年11月10日。

　　像杜伊斯堡这样的故事还有很多。比如在波兰东部和白俄罗斯西部的边境交界处，一个名叫马拉舍维奇的小村庄已经发展成为中欧班列线路上最重要的货运枢纽之一。马拉舍维奇现在非常出名，从那里到华沙，到波罗的海最大的港口格但斯克，或者到波兰的其他大城市波兹南、罗兹等，都有直达铁路线，将中国产品集散到欧洲各地的同时，也能把很多欧洲产品集中到波兰。像这样的节点性城市和地方，因为"一带一路"倡议的实施、中欧班列的开通，焕发出新的生机活力。

　　位处中国浙江的义乌市，以小商品批发闻名世界，如今在"一带一路"倡议的实施中，也从中欧班列中尝到了新的甜头。中欧班列已经成为义乌小商品"走出去"的物流首选。在这里做生意的老外们慧眼独具，他们简要总结中欧班列的独特优势：比海运快，比空运便宜。尼泊尔中国工商会义乌办事处首席代表毕需努在义乌工作生活了20多年，经营义乌与尼泊尔间的商品贸易和物流专线，把义乌小商品发到加德满都，再销往尼泊尔全境。随着"一带一路"不断推进，他可以更便捷地把义乌的小商品运到尼泊尔。中欧班列开通之前，义乌的货物大多走海运加铁路，或者走公路到新疆的口岸再换铁路出口。那时候发货不太方便，海运需要60多天，卡车也要两个星期左右。中欧班列开通之后，义乌商贸活动日益繁荣，不仅因为铁路成本低，而且"一带一路"也是众多国家支持的事情，安全性更有保障。如今，早在义乌娶妻生子的毕需努已经扎根中国。当好中尼友好商业往来的桥梁，是他的目标与夙愿。①

　　中国西北部的一些陆港，也因为"一带一路"倡议的实施和中欧班列的畅通，不断发展起来。比如，新疆阿拉山口曾经干旱荒凉，因为中欧班列在此经过，摇身一变成为以进出口贸易、加工业、中转货物为主的口岸新城。如今，阿拉山口的铁路发展多点开花，口岸通行的中欧班列线路累计达100多条，可直达哈萨

---

① 《中欧班列：从"初出茅庐"到"双向奔赴"｜老外讲故事·"一带一路"促共赢②》，上观，2023年10月18日。

■ 义乌国际商贸城拥有170多万种商品，日均客流量达21万人次，商品辐射200多个国家和地区，外向度达到65%以上

克斯坦、德国等21个国家和地区。每年夏天有10多万人聚集在这座美丽边城，即使到寒冬腊月也有4万多人在此经商贸易。

可以说，在海洋之外、天空之下，中欧班列在亚欧大陆上建起了一条全天候、大运量、跨大洲的运输新通道。这条新通道以稳定安全为欧亚大陆经贸往来提供了有力支撑，为全球供应链提供了有力保障。

高端论坛：举办"一带一路"国际合作峰会

进入新时代，中国政府主办了"一带一路"国际合作高峰论坛，迄今为止已经成功举办三届，极大地推动了中国的对外开放，也极大地推动了"一带一路"倡议的落地转化工作。

2017年5月14日至15日，首届"一带一路"国际合作高峰论坛在万物并秀的中国首都北京召开。这是一次历史性盛会，有29个国家的元首和政府首脑，140多个国家、80多个国际组织的

1600多名代表与会，达成共五大类、七十六大项、270多项沉甸甸的成果。习近平主席在论坛上发表重要讲话，指出要推动互利共赢，明确合作方向，本着伙伴精神，牢牢坚持共商共建共享原则，让政策沟通、设施联通、贸易畅通、资金融通、民心相通成为共同努力的目标。俄罗斯总统普京表示，"在推进'一带一路'建设过程中，习近平主席为我们展现了非常好的榜样力量"①。在这次会议上，中国宣布加大对共建"一带一路"的资金支持、建设"一带一路"自由贸易网络、启动"一带一路"科技创新行动计划等，为共建"一带一路"注入强劲动力。出席论坛的世界银行行长金墉表示："我们非常激动地看到，全世界将获得更多投资，相信这些投资将带来巨大的发展机遇。""我在很多国家听到人们对'一带一路'建设的期待，相信更多人将随着'一带一路'建设的推进实现自身的发展。"

2019年4月25日至27日，第二届"一带一路"国际合作高峰论坛在北京成功举行。论坛的主题是"共建'一带一路'、开创美好未来"。论坛期间举行了高峰论坛开幕式、领导人圆桌峰会、高级别会议、12场分论坛和1场企业家大会。包括中国在内，38个国家的元首和政府首脑等领导人以及联合国秘书长和国际货币基金组织总裁共40位领导人出席圆桌峰会。来自150个国家、92个国际组织的6000余名外宾参加了这次论坛。这次会议成果亮点很多，至少包括以下几点：

一是确立高质量共建"一带一路"目标，指明合作方向。习近平主席在开幕式主旨演讲中强调，共建"一带一路"要向高质量发展，要秉持共商共建共享原则，坚持开放、绿色、廉洁理念，实现高标准、惠民生、可持续目标。这些重要内容完整写入了"一带一路"国际合作高峰论坛圆桌峰会联合公报，成为国际共识。这是共建"一带一路"理念的拓展与升华，它将引领各方更好地绘制精谨细腻的"工笔画"，让共建"一带一路"惠及天

---

① 《首届"一带一路"国际合作高峰论坛——让各国人民更好共享发展成果》，《人民日报》2018年12月18日。

下，让各国人民共同受益。

二是构建全球互联互通伙伴关系，推动联动发展。习近平主席强调，共建"一带一路"，关键是互联互通，要通过构建全球互联互通伙伴关系，实现共同发展。与会各方对此普遍予以支持，同意在伙伴关系引领下，本着多边主义精神，合力推进全方位互联互通，建设高质量、可持续、抗风险、价格合理、包容可及的基础设施，并加强各国政策、规则和标准的"软联通"。各方期待就此同中方深化合作，支持"一带一路"同各国发展战略有效对接，与区域和国际发展议程相互融合。本届论坛期间，有127个国家和29个国际组织同中方签署"一带一路"合作文件。有关国家和国际组织还在交通、税收、贸易、审计、科技、文化、智库、媒体等领域同中方签署了100多项双多边合作文件，一些国家和国际金融机构同中方签署了开展第三方市场合作文件。这些都是对构建全球互联互通伙伴关系的重要贡献。

三是取得丰硕务实成果，体现互利共赢。作为东道国，中国牵头汇总了各方达成的具体成果，形成了一份283项的成果清单。中国同有关国家签署了中缅经济走廊、中泰铁路等一系列政府间务实合作协议，各方共同发起并设立了"一带一路"共建国家标准信息平台、"一带一路"应对气候变化南南合作计划等合作机制，各国企业就开展产能与投资合作项目达成众多协议，中国同意大利等国共同设立新型合作基金、开展第三方市场投融资项目。论坛期间，各方发布了一系列高质量的合作倡议和报告。中方发布了《共建"一带一路"倡议：进展、贡献与展望》，对五年多来共建"一带一路"走过的历程作出全方位回顾，提出下一步高质量发展的意见和建议。中方同各方一道形成并发布了《"一带一路"债务可持续性分析框架》，为融资合作防控风险、确保"一带一路"合作可持续发展提供了有益工具。由国际知名人士组成的高峰论坛咨询委员会向高峰论坛提交了政策建议报告，分析研究"一带一路"合作对改善互联互通、促进世界经济增长以及落实2030年可持续发展议程的积极作用，并就未来"一带一路"合作重点和高峰论坛发展方向提出政策建议。有关各方还共同发起了《廉洁丝绸之路北京倡议》《"创新之路"合作倡议》，发布了《绿色投资指导原则》。这些成果体现了时代发展进步的潮流，体现了"一带一路"合作共赢的特色。

四是搭建地方及工商界对接新平台，拓展合作机遇。企业家大会是第二届高峰论坛的创新安排。80多个国家和地区的政府官员、国际组织和机构代表、商协会代表、中外知名企业家共800多人出席。中外企业对接洽谈并签署合作协议，总金额640多亿美元，展现了"一带一路"带来的巨大商机。各国企业带着强烈合作意愿而来，满载着合作成果而归。本届论坛期间还首次举办地方合作分论坛，中国地方政府同有关国家地方政府和企业开展了一系列务实合作，达成了包括建设中国塞尔维亚友好工业园区，开展中国阿联酋产能合作示范园产业及科技合作，建设"一带一路"迪拜站物流商贸综合体等多个具有带动作用的合作项目。

五是完善"一带一路"合作架构，打造支撑体系。各方在论坛期间高度评价高峰论坛起到的作用，期待继续举办下去。领导人圆桌峰会公报中明确提出，期待高峰论坛定期举办，并举行有关后续会议。本届论坛期间，各方在继续开展双边合作、三方合作的同时，还在中欧班列、港口、金融、海关、会计、税收、能源、环保、文化、智库、媒体等领域发起成立20多个"一带一路"多边对话合作平台，包括成立"海上丝绸之路"港口合作机制，设立"一带一路"绿色发展国际联盟、国际科学组织联盟、"一带一路"国际智库合作委员会等。一个以高峰论坛为引领、各领域双多边合作为支撑的"一带一路"国际合作架构已基本成型。

六是发挥元首外交引领作用，深化双边关系。来华与会的国家均与中国保持着友好关系，都是共建"一带一路"的伙伴。高峰论坛期间，国家主席习近平为多位外国领导人访华举行国事活动，并举行了数十场密集的双边会见，实现了全覆盖，从领导人的高度引领，中国同与会各国巩固了友好关系、深化了合作。可以说，举办高峰论坛，既推动了共建"一带一路"，又促进了中国同各国双边关系的发展。这些实实在在的成果说明，共建"一带一路"的朋友越来越广、伙伴越来越多、合作越来越深入。共建"一带一路"有理念、有机制、有举措，必将行稳致远。①

2023年10月17日至18日，第三届"一带一路"国际合作高峰论坛再次在北京成功举行。这次会议主题为"高质量共建'一带一路'，携手实现共同发展繁荣"。这是"一带一路"框架下最高规格的国际活动，不仅是纪念"一带一路"倡议提出10周年最隆重的活动，也是各方共商高质量共建"一带一路"合作的重要平台，具有重大意义。包括23位外国领导人和联合国秘书长在内，150多个国家、40多个国际组织的上万名代表参加了本次高峰论坛。

10月18日，国家主席习近平在北京人民大会堂出席第三届"一带一路"国际合作高峰论坛开幕式并发表主旨演讲。他指出，提出这一倡议的初心，是借鉴古丝绸之路，以互联互通为主线，同各国加强政策沟通、设施联通、贸易畅通、资金融通、民心相通，为世界经济增长注入新动能，为全球发展开辟新空间，为国际经济合作打造新平台。②在演讲中习近平主席不仅总结了10年来共建"一带一路"的宝贵经验，还提出了今后高质量共建"一带一路"的八项行动：一是构建"一带一路"立体互联互通网络；二是支持建设开放型世界经济；三是开展务实合作；四是促进绿色发展；五是推动科技创新；六是支持民间交往；七是建设廉洁之路；八是完善"一带一路"国际合作机制，从而为下一步发展明确了新方向。

本届论坛期间，与会各方共形成了458项成果，数量远远超过第二届高峰论坛。其中包括《深化互联互通合作北京倡议》、《"一带一路"绿色发展北京倡议》、《"一带一路"数字经济国际合作北京倡议》、绿色发展投融资伙伴计划、《"一带一

---

① 《新起点 新愿景 新征程——王毅谈第二届"一带一路"国际合作高峰论坛成果》，新华网2019年4月29日。

② 习近平：《建设开放包容、互联互通、共同发展的世界——在第三届"一带一路"国际合作高峰论坛开幕式上的主旨演讲》（2023年10月18日，北京），《人民日报》2023年10月19日。

路"廉洁建设高级原则》等重要合作倡议和制度性安排，也有到2030年为伙伴国开展10万人次绿色发展培训、将联合实验室扩大到100家等具体目标。企业家大会还达成了972亿美元商业合同，这有助于为各国创造更多的就业和增长机会。此外，会议还决定成立论坛秘书处，将为推动机制建设和项目落地发挥作用。这一系列实实在在的合作成果，是与会各方为"一带一路"投下的支持票，也是信任票。共建"一带一路"做"行动派"，不搞"清谈馆"，必将为推动世界经济增长、促进全球共同发展提供源源不断的动力。因此，与会各方认为，第三届高峰论坛是共建"一带一路"进程中又一个重要里程碑。

通过连续举办高峰论坛，不仅加强了中国与"一带一路"共建国家的联系，而且通过面对面的沟通加深了彼此的了解，更有利于"一带一路"倡议的实施，也更利于中国与世界特别是亚欧之间的优势互补，实现共赢。

互联互通：画好"工笔画"

共建"一带一路"，是一个跨越万里的壮举，绝对是亚欧大陆携手共进的大手笔。在第三届"一带一路"国际合作高峰论坛开幕式上的主旨演讲中，习近平主席指出，10年来，"一带一路"合作从"大写意"进入"工笔画"阶段，把规划图转化为实景图，一大批标志性项目和惠民生的"小而美"项目落地生根。我们致力于构建以经济走廊为引领，以大通道和信息高速公路为骨架，以铁路、公路、机场、港口、管网为依托，涵盖陆、海、天、网的全球互联互通网络，有效促进了各国商品、资金、技术、人员的大流通，推动绵亘千年的古丝绸之路在新时代焕发新活力。[①]

---

① 习近平：《建设开放包容、互联互通、共同发展的世界——在第三届"一带一路"国际合作高峰论坛开幕式上的主旨演讲》（2023年10月18日，北京），《人民日报》2023年10月19日。

■ 匈塞铁路作为"一带一路"的示范工程，对深化中欧互利合作、促进共建"一带一路"倡议与欧洲发展战略对接，具有十分重要的意义

　　就铁路而言，匈塞铁路是中国在欧盟建设的第一条铁路项目，也是中国与中东欧国家共建"一带一路"的重点项目。这一铁路连接匈牙利首都布达佩斯和塞尔维亚首都贝尔格莱德。匈塞铁路全线开通以后，两国首都之间的列车通行时间从8个小时缩短到3个小时左右。2022年3月19日，匈塞铁路塞尔维亚境内首都贝尔格莱德至中北部城市诺维萨德段（贝诺段）开通运营，塞尔维亚总统武契奇、总理布尔纳比奇和匈牙利总理欧尔班等出席在诺维萨德举行的开通仪式。当天，塞匈两国领导人与塞政府、中国驻塞大使馆、铁路建设方的代表乘坐开通后的首班列车，从贝尔格莱德中心火车站抵达诺维萨德火车站，受到当地居民欢迎。武契奇在开通仪式上向匈塞铁路建设者表示感谢。他说，塞尔维亚的高速铁路由"我们的中国和俄罗斯朋友建造"，高速铁路代表着塞尔维亚的未来，塞尔维亚将拥有最现代化的铁路网。①目前，开通的这一段铁路已经服务了旅客数百万人次，极大地便

①　《匈塞铁路塞尔维亚境内贝诺段开通运营》，新华社2022年3月20日电。　　　107

利了沿线民众的出行。匈塞铁路塞籍工程师米兰·巴诺维奇说："火车的最高运行时速是200千米，这是塞尔维亚首次有这样的高速列车投入运行，我们都为此感到自豪，因为这就像塞尔维亚的一场革命。"①当然，中国在承建过程中要克服很多困难，尤其是铁路设计的标准，还要和欧盟的要求相一致。匈塞铁路工程的顺利推进，不仅加强了中塞钢铁般的友谊，还把中国铁路技术装备与欧盟铁路技术规范对接起来，这对中国铁路走出去、适应海外市场具有深远的意义。

类似这样共赢多赢的铁路项目还有很多。在非洲，作为中国和肯尼亚共建"一带一路"的旗舰项目，由中国企业承建的蒙内铁路于2017年5月31日建成通车。7年来，蒙内铁路宛如一条"大动脉"，大大加快了肯尼亚的现代化步伐，为东非地区互联互通和中非合作共赢留下浓墨重彩的一笔，给非洲人民带来实实在在的看得见的好处。连接埃塞俄比亚和吉布提的亚吉铁路是非洲第一条跨国电气化铁路，全长752.7千米，由中国中铁下属的中铁二局和中国土木工程集团有限公司联合承建并运营。在亚洲，北起中国昆明，南至老挝万象，全长1035千米的中老铁路跨山越河，促进了中老两国以及共建"一带一路"国家间的经贸合作和文化交流，成为联通内外、辐射周边、双向互济的黄金大通道。应该说，这10多年来，中国铁路建设者们铺筑发展振兴路，谱写友谊新篇章，将和平、发展、合作、共赢的理念播撒到世界各地，共建"一带一路"成为构建人类命运共同体理念的生动实践。

希腊比雷埃夫斯港成为共建"一带一路"上的重要节点。作为首都雅典的外港，比雷埃夫斯港自古就是雅典的港口，如今依然是希腊主要的造船业和工业中心，是地中海地区最大的港口之一，也是距离苏伊士运河最近的西方港口。同时，比雷埃夫斯港是"欧洲南部门户"，是船舶驶往大西洋、印度洋、黑海的中转港，是中欧贸易的关键海上枢纽，是共建"一带一路"的重要项目。2016年4月8日，中国远洋海运集团（以下简称"中远海运

---

① 《匈塞铁路，中国高铁进入欧洲的"敲门砖"》，央广网2023年10月18日。

集团")和希腊共和国发展基金正式签署比雷埃夫斯港口管理局（以下简称"比港管理局"）股权的转让协议和股东协议，标志着中远海运集团收购比雷埃夫斯港67%股权项目取得了里程碑式的重要进展。6月30日晚，希腊议会以超过三分之二的多数，批准了中远海运集团收购希腊最大港口比雷埃夫斯港口管理局多数股权的协议。中远海运集团比雷埃夫斯港已在当地直接创造就业岗位3000多个，累计为当地带来直接社会贡献超过14亿欧元。近年来，中远海运集团整合海上航线网络与比雷埃夫斯港枢纽港建设两方面的综合优势，启动中欧陆海快线，将传统西北欧海铁联运的运输周期缩短了7～11天。目前，中欧陆海快线每周运行班列已经达到17班，覆盖了9个国家1500个内陆点。在能源转型和绿色发展上，比雷埃夫斯港开展投资建设和现代化升级改造，打造互联互通绿色实践。2022年，比雷埃夫斯港集装箱吞吐量保

■ 希腊比雷埃夫斯集装箱港口是希腊最大港口，也是全球五十大集装箱港口及地中海东部地区最大的集装箱港口之一

持在500万标准箱以上，继续保持地中海第一、欧洲前五大港地位。比雷埃夫斯港的新生让整个欧洲内陆的连接更加高效、便捷。①

在工业园区方面，中国企业与共建国家政府、企业合作共建的海外产业园超过70个，中马、中印尼"两国双园"及中白（白俄罗斯）工业园、中阿（阿联酋）产能合作示范园、中埃（埃及）·泰达苏伊士经贸合作区等稳步推进。其中，中白工业园作为两国元首共同关心和亲自推动、两国政府高度重视的共建"一带一路"合作项目，历经10年发展，已成为基础设施完备、营商环境优越、经营理念先进的现代化园区和白俄罗斯最大的招商引资项目，被誉为"'一带一路'上的明珠"，示范效应持续显现。目前，中白工业园建设呈现出以下几个鲜明特点：一是国际化，这是一个开放的国际平台，已吸引来自中国、白俄罗斯、俄罗斯、美国、欧盟国家、瑞士、新加坡等16个国家的114家企业入驻，意向投资额超过13.55亿美元。二是产业化，中白工业园以高科技和创新为主导产业，重点发展机械制造、电子商务、新材料、中医药、人工智能、5G网络开发等多个领域，未来还将进一步聚焦高端机械制造、生物医药、仓储物流、电子信息等创新型产业，致力于形成聚集效应，并完善上下游配套形成完整产业链。三是数字化，中白工业园注重运用信息技术和智能化手段，提升管理效率和服务水平。园区建设了一站式服务系统，所有行政手续都可以在园区内办理完成。未来，中白工业园还将成为白俄罗斯第一个5G移动通信试验区，并推广无人驾驶。四是生态化，中白工业园不是普通的工业园区，而是一座生态、宜居、兴业、活力、创新五位一体的国际产业新城。园区内已建成住宅楼，幼儿园、学校和诊所的建设已在设计和规划。②

中国上汽通用五菱积极响应中国"走出去"战略和"一带一

---

① 《共建"一带一路"绿色成果：希腊·比雷埃夫斯港》，中国新闻网2023年10月22日。

② 《大国外交：中白工业园为何被誉为"一带一路"明珠项目？——专访中国驻白俄罗斯大使谢小用》，央广网2023年10月8日。

路"倡议，创新性地提出共同合作建立汽车园区的方案，由主机厂与配套供应商企业共建园区，中国上汽通用五菱邀请供应链体系内重要零部件企业一块"抱团出海"，首创全产业链一起走出去的"印尼模式"。中国青山控股集团（青山）在印尼的两个园区经过9年发展，越来越多的中资企业在园区落户，对印尼当地发展的贡献也越来越大，不断书写着中国与印尼互利共赢合作的新篇章。

在铁路、公路、港口、机场、管道和通信等基础设施领域，"一带一路"带动当地经济增长的同时，也解决了就业问题，受到当地有识之士的热烈欢迎。从长远来看，"一带一路"加强对共建国家的铁路、港口等建设，将会持久推动当地的经济可持续发展。

有福同享："一带一路"是共同发展繁荣之路

"一带一路"为全球发展提供了可延展的宽带，成为沿线人民的幸福路，是习近平主席提出的全球发展倡议的实践形式。共建"一带一路"围绕互联互通，以基础设施"硬联通"为重要方向，以规则标准"软联通"为重要支撑，以共建国家人民"心联通"为重要基础，不断深化政策沟通、设施联通、贸易畅通、资金融通、民心相通，不断拓展合作领域，成为当今世界范围最广、规模最大的国际合作平台。国际社会认为，共建"一带一路"为世界经济增长开辟了新空间，为完善全球治理拓展了新实践，为增进民生福祉作出了新贡献，期待见证共建国家不断凝聚强大合力，推进高质量共建"一带一路"行稳致远，携手铺就更加宽广的共同发展的繁荣之路。

据中国青年报消息，路透社评论称，在中美博弈、世纪疫情、乌克兰危机和全球经济增速放缓等不利环境下，走过10年历程的共建"一带一路"倡议破风前行并提质升级，将进一步促进"全球南方"国家加速绿色转型和高质量发展，推动构建多极化的世界秩序。彭博社在报道中援引博茨瓦纳水电站升级改造和哥斯达黎加种子公司科技转型等实例指出，中国克服一系列前所未有的困难与挑战，在与发展中国家共建"一带一路"过程中，积极通过"小而美"的项目惠及当地民生。新西兰惠灵顿维多利亚大学政治与国际关系高级讲师亚迪表示，在非洲、太平洋地区，许多国家拥有丰富的自然资源，但缺乏合适的基础设施来利用这些资源，共建"一带一路"倡议完美契合了这种需求，"发展基础设施建设和互联互通正是许多发展中国家所需要的"。柬埔寨皇家科学院国际关系研究所所长金平认为，共建"一带一路"倡议旨在创建一个更加紧密互联互通和繁荣的地区，为所有共建国家带来巨大的发展机遇，促进了地区连接及各领域长期合作。肯尼亚《星报》也发表社论称，与很多非洲国家一样，肯尼亚是"一带一路"合作的重要参与方，中肯在共建"一带一路"倡议框架下合作修建的道路、机场、海港和铁路帮助肯尼亚持续受益。①

据新华社消息，作为共建"一带一路"的重要先行先试项目，中巴经济走廊启动10年来，帮助巴基斯坦解决许多发展问题。"累计创造20多万个就业岗位，超过100家巴基斯坦中小企业直接或间接受益，为数以万计的巴基斯坦青年员工提供职业技术培训机会。"巴基斯坦亚洲生态文明研究与发展研究所首席执行官沙基尔·拉迈表示，不仅巴基斯坦从中受益，共建"一带一路"倡议致力于弘扬合作精神，正在帮助世界尤其是发展中国家解决贫困、粮食安全等问题。共建"一带一路"助力乌兹别克斯坦等中亚国家从"陆锁国"变成"陆联国"，获得巨大发展机遇。乌兹别克斯坦政治分析人士库尔班诺夫认为，共建"一带一路"秉承共商共建共享原则，"对于发展中国家开展合作非常具

———

① 鞠辉：《国际舆论积极评价"一带一路"十年共建成果》，中国青年报客户端2023年10月18日。

■ 位于巴基斯坦西南部的瓜达尔港，是中巴经济走廊的终点

　　有吸引力，也因此得到共建国家支持"。在当前全球治理面临严峻挑战的背景下，共建"一带一路"倡议为推动全球合作提供了范本，对于完善全球治理体系具有积极作用。①

　　"一带一路"作为造福中国、造福全球的中国方案，融汇了中华智慧，体现了中华文明，是中国给世界的一份大礼包。随着中国国力的增强，"一带一路"必将为全球带来更多的福祉。这一倡议的扎实推进，表明中国通过"含金量"十足的举措，正在以自己的方式，为世界作出新的更大贡献。

---

① 《"一带一路"高峰论坛 | 凝聚起推动世界共同繁荣进步的强大合力——国际社会高度评价共建"一带一路"重大实践》，新华社2023年10月11日电。

共荣
共生

　　进入新时代，中国举办了各种富有特点、体现中国特色的国际性会展。有的会展是新时代才有的创举，有的会展是历史性的延续，但都是为了邀请八方宾客来中国走一走、看一看，让世界感知中国脉动、了解中国发展。打"飞的"到中国参加会展、会见来自五洲四海新老朋友，已经成为不少国际友人、跨国企业负责人的生活方式。在中国举办的诸多会展中，中国国际进口博览会、中国国际服务贸易交易会、中国国际消费品博览会等尤其受世界关注。

第七章

欢迎世界各国来华参会

进博会：欢迎世界各国来中国卖货

2017年5月，国家主席习近平在"一带一路"国际合作高峰论坛上宣布，中国将从2018年起举办中国国际进口博览会（以下简称"进博会"）。这是迄今为止世界上第一个以"进口"为主题的国家级展会，是国际贸易发展史上的一大创举。举办进博会，是中国着眼于推动新一轮高水平对外开放作出的重大决策，是中国主动向世界开放市场的重大举措。这体现了中国支持多边贸易体制、推动发展自由贸易的一贯立场，是中国推动建设开放型世界经济、支持经济全球化的实际行动。

中国决定举办进博会，与自身发展达到一定阶段、具有巨大消费市场有关。中国拥有14亿多人口，是世界第二大经济体、第二大进口国和消费国。中国有4亿多人口属于中产阶层，已经进入消费规模持续扩大的新发展阶段，消费和进口具有巨大增长空间。中国在短期内会进口超过10万亿美元的商品和服务，一定能为世界各国企业进入中国大市场提供历史性机遇。会议的主办地是在中国最有经济活力的城市——上海。这一全球很有知名度的城市，地处长江三角洲经济区，区位优势突出，经济实力雄厚，服务行业发达，具有全球资源配置能力。上海港集装箱吞吐量连续多年位居世界第一，空港旅客吞吐量超过1亿人次，航班网络遍布全球282个城市。

第一届进博会于2018年11月5日至10日举行。国家主席习近平在开幕式上发表了主旨演讲，体现了大国领袖的高度重视，也彰显了开放中国的良好形象。习近平主席在演讲中强调全球化是历史大势，开放合作是增强国际经贸活力的重要动力，各国应该坚持开放融通，拓展互利合作空间；应该坚持创新引领，加快新旧动能转换；应该坚持包容普惠，推动各国共同发展。习近平主席还表示中国将在激发出口潜力、持续放宽市场准入、营造国际一流营商环境、打造对外开放新高地等方面加大推进力度。习近平主席在讲话中还多次释放合作善意，强调"中国国际进口博览会由中国主办，世界贸易组织等多个国际组织和众多国家共同参与，不是中国的独唱，而是各国的大合唱"①。这些润透人心的话语，赢得阵阵热烈掌声。

第一届进博会以"新时代，共享未来"为主题，就是要欢迎各国朋友，把握新时代中国发展机遇，深化国际经贸合作，实现共同繁荣进步。共有172个国家、地区和国际组织参会，3600多家企业参展，展览总面积达30万平方米，超过40万名境内外采购商到会洽谈采购。全球首款"会飞的汽车"，巨无霸"金牛座"龙门铣，硬币大小的心脏起搏器……5000多件全球优质产品首次亮相中国，令人眼前一亮。"在这里，我们感受到全球化最宝贵的价值所在。"时任多米尼加总统梅迪纳说，进博会是一次绝佳的契机，推动五大洲之间的贸易往来和相互了解。在世界贸易组织总干事阿泽维多看来，中国在改革开放40周年之际举办进博会，释放出一个明确的信号：中国正在国际多边贸易体系中发挥更积极的作用，中国扩大进口将助推全球经济一体化进程。美国艾默生公司亚太区总裁埃德·布恩也说："进博会是一扇窗口，打开后是中国广阔的市场，我们谁都不想错过。"②

第一届进博会圆满结束之后，中国克服疫情影响等不利因素，坚持深化开放，又连续举办了五届进博会。国家主席习近平高度重视这一重要对外开放平台，亲自发表致辞。其中，在第五届进博会的致辞中习近平主席指出，现在，进博会已经成为中国构建新发展格局的窗口、推动高水平开放的平台、全球共享的国际公共产品。"路就在脚下，光明就在前方。中国愿同各国一道，践行真正的多边主义，凝聚更多开放共识，共同克服全球经济发展面临的困难和挑战，让开放为全球发展带来新的光明前程！"③

2023年11月初，开放的中国迎来又一场国际盛会——第六

---

① 《习近平著作选读》第2卷，人民出版社，2023，第219页。

② 季明、韩洁、何欣荣、仇逸：《与世界共享美好未来——解读习近平主席首届中国国际进口博览会开幕式主旨演讲》，新华社上海2023年11月5日电。

③ 《共创开放繁荣的美好未来——在第五届中国国际进口博览会开幕式上的致辞》，《人民日报》2022年11月5日。

■ 国家会展中心（上海），进博会会址

届进博会在上海全面线下举办。154个国家、地区和国际组织的来宾齐聚形如"四叶草"的国家会展中心（上海），72个国家和国际组织亮相国家展，128个国家和地区的3486家企业参加企业展，集中展示了442项代表性首发新产品、新技术、新服务。本届进博会按年计意向成交创新高，达784.1亿美元，比上届增长6.7%。这份成绩单为全球经济发展繁荣注入了强大正能量。其中，近6年来，美国参展商在展馆面积、企业数量等方面均居进博会参展国前列。2023年，美国联邦政府首次以官方名义参展并开设美国食品与农业展馆，其参展企业和江苏、福建、深圳等地采购商签署了多份合约。[1]

举办5年多来，进博会累计意向成交额近3500亿美元，"展商变投资商"溢出效应明显，持续释放开放红利。据2023年11月

---

[1] 曹元龙、刘坤：《开放进取的中国　合作共赢的世界——第六届进博会为全球经济发展注入新动力》，《光明日报》2023年11月14日。

5日的央视新闻报道，新西兰纽仕兰乳业亚太区CEO盛文灏说，进博会真正搭建的是一个多边贸易、多赢共赢的平台，中国市场的韧劲和人民对美好生活的向往，注定了对品质商品的需求会越来越多，这给世界也提供了新的机遇。"当前，世界经济复苏动力不足，需要各国同舟共济、共谋发展。中国将始终是世界发展的重要机遇，将坚定推进高水平开放，持续推动经济全球化朝着更加开放、包容、普惠、平衡、共赢的方向发展。"[①]习近平主席向第六届进博会的致信鼓舞人心，再次向世界宣示中国坚定推进高水平开放、持续推动经济全球化的决心。

服贸会：让全球服务贸易活起来

国际服务贸易是以服务作为商品进行跨国交换的经济活动，其核心是以资本、劳动力和知识技术为基本要素的服务交易。自20世纪80年代以来，全球服务贸易飞速发展，全球经济竞争的重点从货物贸易向服务贸易转变。近些年来，服务贸易在世界贸易中的地位越来越高。服务贸易已经成为拉动经济增长的新动力，成为国际贸易的引擎，成为国际合作的新热点，成为各国产品、技术和服务更好地融入全球价值链的渠道。中国作为服务贸易大国，在推动全球服务贸易便利化上发挥了巨大作用。其中，举办中国国际服务贸易交易会就是一个重大举措。

2012年中共中央、国务院批准由商务部、北京市人民政府共同主办中国（北京）国际服务贸易交易会，世贸组织、联合国贸发会议、经合组织等国际组织共同支持，简称"京交会"。2019年更名为中国国际服务贸易交易会，简称"服贸会"。服贸会是全球唯一涵盖服务贸易十二大领域的综合性服务贸易交易会，每年在中国北京举行。

---

① 《习近平向第六届中国国际进口博览会致信》，《人民日报》2023年11月6日。

　　2012年5月28日至6月1日，首届京交会在国家会议中心成功举办，围绕服务贸易十二大领域开展了开幕式暨高峰论坛、高层论坛、综合展示、推介洽谈、主题日活动、权威发布等六大板块130多场活动，共有中外参展企业1721家，全球83个国家和地区的注册客商2.4万人，到会专业观众累计超过10万人次，总成交额601.1亿美元，其中国际服务贸易交易112亿美元。第二届京交会以"服务贸易：价值提升新引擎"为主题，于2013年5月28日至6月1日举行，会议继续坚持以服务客商为本，以交易洽谈为核心，举办开幕式、高层论坛、推介洽谈、综合展示、主题日活动、权威发布六类活动，邀请国家领导人、国际组织负责人、国

　■ 北京国家会议中心，承办了多届中国国际服务贸易交易会

际商协会及跨国公司负责人出席。这一届京交会围绕国际服务贸易发展中的共性问题、新热点、新业态、新领域等主题进行深入研讨。随后，一年一度的京交会也顺利举办了。

在新冠疫情暴发后，2020年度服贸会创新采用"线上+线下"的展会模式，吸引了来自148个国家和地区的2.2万家企业和机构线上线下参展参会。2021年度的服贸会首次启用首钢园区，与国家会议中心共同形成了"一会两址"的展会格局。2023年，服贸会在"一会两址"的基础上，在国家会议中心区域首次启用国家体育馆，作为环境服务专题展的主要场馆，线下展览展示规模达15.5万平方米。

2023年9月2日，为期5天的2023年服贸会在北京拉开帷幕。这届服贸会以"开放引领发展，合作共赢未来"为主题，吸引了2400多家国内外企业线下参展，其中世界500强和行业龙头企业500多家，覆盖28个服务贸易30强的国家和地区，整体国际化率超过20%。在我国全面恢复线下展会的第一年，服贸会影响力不断扩大。

在开幕式上国家主席习近平以视频的形式向大会发来致辞，表示中国政府对这一会展平台十分重视。习近平指出，当前，百年变局加速演进，世界经济复苏动力不足。服务贸易是国际贸易的重要组成部分，服务业是国际经贸合作的重要领域。全球服务贸易和服务业合作深入发展，数字化、智能化、绿色化进程不断加快，新技术、新业态、新模式层出不穷，为推动经济全球化、恢复全球经济活力、增强世界经济发展韧性注入了强大动力。他强调，2023年是中国改革开放45周年，中国将坚持推进高水平对外开放，以高质量发展全面推进中国式现代化，为各国开放合作提供新机遇。中国愿同各国各方一道，以服务开放推动包容发展，以服务合作促进联动融通，以服务创新培育发展动能，以服务共享创造美好未来，携手推动世界经济走上持续复苏轨道。我们将打造更加开放包容的发展环境。扩大面向全球的高标准自由贸易区网络，积极开展服务贸易和投资负面清单谈判，扩大电信、旅游、法律、职业考试等服务领域对外开放，在国家服务业扩大开放综合示范区以及有条件的自由贸易试验区和自由贸易港，率先对接国际高标准经贸规则。放宽服务业市场准入，有序推进跨境服务贸易开放进程，提升服务贸易标准化水平，稳步扩大制度型开放。我们将拉紧互利共赢的合作纽带。加强同各国的发展战略和合作倡议对接，深化同共建"一带一路"国家服务贸易和数字贸易合作，促进各类资源要素跨境流动便利化，培育更多经济合作增长点。我们将强化创新驱动的发展路径。加快培育服务贸易数字化新动能，推动数据基础制度先行先试改革，促进数字贸易改革创新发展。建设全国温室气体自愿减排交易市场，支持服务业在绿色发展中发挥更大作用。推动服务贸易与现代服务业、高端制造业、现代农业融合发展，释放更多创新活力。我们将共享中国式现代化建设成果。着力扩大国内需求，加快建设强大的国内市场，主动扩大优质服务进口，鼓励扩大知识密集型服务出口，以中国大市场机遇为世界提供新的发展动力，以高质量发展为全球提供更多更好的中国服务，增强世界人民的获得感。他还强调，世界经济开放则兴，封闭则衰。让我们共同维护来之不易的自由贸易和多边贸易体制，共同分享全球服务贸易发展的历史机遇，为开创世界更加美好繁荣的未来共同努力。

自2012年以来，服贸会及其前身京交会累计吸引了196个国家和地区的60余万客商、600余家境外商协会和机构参展参会，成为我国拓展服务贸易国际合作的重要平台。尤其是自2020年提质升级以来，服贸会已经名副其实发展为全球服务贸易领域规模最大的综合性展会。英国驻华贸易使节杜涛在接受央视记者采访时说，英国是一个服务贸易大国，比较好的一些服务可以提供给中国合作伙伴。比如说，金融行业、医疗服务，包括环境的服务和产品都有，参加服贸会的中国企业也很多，比较优秀的企业也很多，非常欢迎到我们英国馆。①

---

① 《面对面 | 服贸会的吸引力在哪里？有哪些新变化？》，央视新闻客户端2023年9月4日。

消博会：让世界品鉴消费盛宴

举办中国国际消费品博览会（以下简称"消博会"）这一重大决策，是中共中央、国务院在2020年6月1日印发《海南自由贸易港建设总体方案》时透露的。该方案还决定消博会期间境外展品的进口和销售享受免税政策。消博会是全国首个以消费精品为主题的国家级展会。举办这样的展会不仅表明中国已经进入消费时代，而且拥有巨大的消费市场和消费能力。同时，消博会的举办，会提供一个全球消费精品展示交易平台，有利于世界各国共享中国市场机遇，有利于世界经济复苏和增长，也有利于中国为世界提供更多优质消费品。

2021年5月6日晚，第一届消博会在海南海口举行开幕式。首届消博会由商务部和海南省人民政府共同主办，展览总面积8万平方米，国内外参展企业超1500家，来自约70个国家和地区。消

■ 首届消博会举办地，海南国际会展中心

博会以"开放中国，海南先行"为主题，围绕建设海南国际旅游消费中心定位，集聚全球消费领域资源，打造国际消费精品全球展示交易平台。5月6日，国家主席习近平向首届消博会致贺信，希望各国嘉宾和各界人士深化交流、共谋合作，更好造福各国人民。习近平强调，中国愿发挥海南自由贸易港全面深化改革和试验最高水平开放政策的优势，深化双边、多边、区域合作，同各方一道，携手共创人类更加美好的未来。在本届消博会上，很多消费精品惊艳亮相。比如，80多岁的国民品牌"冷酸灵"，带来了与中国国家博物馆联名的"新国宝"，将商朝后母戊鼎、汉代击鼓说唱陶俑、明代青花竹石芭蕉纹梅瓶、郑板桥华封三祝图轴、乾隆霁青金彩海晏河清尊这几件顶级国宝，融入文创牙膏的设计中，赋予深厚的文化内涵，颜值与内涵俱佳。

第二届消博会于2022年7月26日至30日在海南海口举行，为期5天，共有来自61个国家和地区的1955家企业（包括国际展区1107家、国内展区848家）参展，展示国际品牌1643个、国内品牌1200多个。第二届消博会总进场观众超28万人次，各类采购商和专业观众数量超4万人，现场参会的境内外媒体超160家、记者超1200名。其间举办了主题论坛、新品发布、时装周、采购对接、国别推介等一系列活动，共发布57份消费、旅游零售市场领域行业报告。发布新品数量达到622件，涵盖了时尚香化、珠宝首饰、世界名酒、高端食品、电子科技、生物科技、人工智能等领域。与第一届消博会不同之处在于，这届消博会首次举办时装周活动，汇聚国内外28家知名设计师品牌，发布593件最新时尚单品。在采购对接环节，广东、陕西、重庆等省市通过线下线上结合的方式举办对接洽谈活动，达成百余项意向合作项目。其间，还举办了游艇展，吸引了来自12个国家和地区的50个境内外知名品牌超过200艘帆船游艇参展，参展数量同比增长89%。①

2023年4月10日至15日，第三届消博会在海南海口顺利举办。本届消博会以"共享开放机遇、共创美好生活"为主题，有

---

① 《第二届消博会闭幕展会规模超过首届》，中国新闻网2022年7月31日。

来自65个国家和地区的3382个消费精品品牌参展，17个国际头部企业在新成立的消博会参展商联盟中担任理事会成员单位；311场新品发布及展示活动上，全球展商发布新品1000余件；进场观众超32万人次、各类采购商和专业观众超5万名。其间举行的时装周上，15个国内国际设计师品牌举办走秀活动，合计发布1200余件最新时尚系列单品。①

意大利是第三届消博会的主宾国，有140多个意大利品牌参展，涵盖汽车、时装、酒店、家具、农产品等多个领域。意大利企业的积极参与展现了其对中国市场的强大信心。"我们将持续为中国消费者提供高质量产品。"意大利外交与国际合作部副部长玛丽亚·特里波迪表示，意大利企业期待通过本届消博会分享中国市场红利。法国参展品牌数量较上年增加50%。法国驻华大使白玉堂表示，法中两国商贸往来密切，迸发出蓬勃活力。众多法国企业正通过消博会这一平台积极开拓中国市场。泰国天丝集团首席执行官许馨雄表示："泰国天丝集团连续3年参展，感受到中国消费市场的澎湃活力和巨大潜力，也亲眼见证了更广阔的中国机遇。立足消博会这一平台，天丝集团将为中国消费者带来更多优质产品。"美国途明集团相关负责人艾美·因布里亚科表示，消博会是促进全球消费者和各大品牌之间互相了解的重要窗口，"去年首次参展，我们受益良多，与许多合作商和消费者建立了更加紧密的联系。随着中国不断深化对外开放，我们希望依托消博会了解中国消费者的新需求，挖掘市场新机遇"。②

作为中国首个以消费精品为主题的国家级展会，消博会已与进博会、服贸会一道，成为中国主动与世界分享发展机遇的国家级"会展矩阵"，成为中国对外开放的重要公共服务平台，成为各国共享机遇、扩大交流的国际平台，是更好造福世界各国人民的实际行动和生动范例，也给多重风险挑战下艰难复苏的世界经

---

① 曹元龙、王晓樱、杨逸夫：《互利共赢之船扬帆远航——第三届中国国际消费品博览会圆满闭幕》，光明网2023年4月16日。

② 《参与度更高——共享市场机遇共促经济增长》，《人民日报》2023年4月14日。

济带来暖意和期待。

此外，值得一提的还有中国进出口商品交易会，即广交会。它可是中国举办的老牌展会，早在20世纪50年代就开始举办了。进入新时代，中共中央、国务院高度重视广交会工作。习近平总书记于第120届、130届两次向广交会致贺信，充分肯定广交会的历史作用，指明发展方向。比如，他在给第130届广交会致贺信时指出，广交会创办65年来，为服务国际贸易、促进内外联通、推动经济发展作出了重要贡献。当前，世界百年变局和世纪疫情交织叠加，世界经济贸易面临深刻变革。广交会要服务构建新发展格局，创新机制，丰富业态，拓展功能，努力打造成为中国全方位对外开放、促进国际贸易高质量发展、联通国内国际双循环的重要平台。中国愿同世界各国携起手来，秉持真正的多边主

■ 中国进出口商品交易会展馆（广交会展馆）

义，推动建设高水平开放型世界经济。①新时代以来国务院常务会议审议通过《关于推动外贸稳规模优结构的意见》，进一步强调办好广交会等重点展会。2023年上半年的第133届广交会，现场出口成交216.9亿美元，4月15日至5月4日，线上出口成交34.2亿美元。参展企业普遍认为，尽管境外采购商到会还在恢复中，但下单意愿较强、速度更快，除现场成交外，很多采购商还预约实地看厂，未来有望达成更多合作。参展企业表示，广交会是他们感知市场冷暖、触摸全球经贸发展脉搏的重要平台，可以让他们交到新伙伴，嗅到新商机，找到新引擎，参加广交会是他们"最正确的选择"。2023年下半年的第134届广交会也已经顺利举办。

---

① 《习近平书信选集》第1卷，中央文献出版社，2022，第363页。

共荣共生

中国是命案发案率最低、刑事犯罪率最低、枪爆案件最少的国家之一，每10万人口的命案是0.5起。近10年来，刑事案件、安全事故等"五项指数"大幅下降。2021年，杀人、强奸等八类主要刑事犯罪、毒品犯罪、抢劫抢夺案件、盗窃案件的立案数和一次死亡3人以上的较大的交通事故数较2012年分别下降了64.4%、56.8%、96.1%、62.6%和59.3%。人民群众的安全感明显提升。2021年，根据国家统计局的调查，全国群众的安全感达到98.6%，较2012年提升了11个百分点。这些数据来自2022年10月19日党的二十大新闻中心发布会，是最权威的数据。那么，当今中国是如何成为世界上公认的最安全的国家之一的呢？

第八章

中国是世界上最安全的国家之一

坚持人民至上

2024年2月2日，笔者到上海市郊的合兴村调研时，来到一家育苗公司，发现在现代化的育苗场的一面墙上写着"把苗放在心上，把心放在苗上"。这句话代表了他们公司的文化和价值追求。这家育苗公司生意红火、订单不断，应该和他们把苗放在心上有很大关系。中国之所以能成为世界上最安全的国家之一，一个重要原因在于，当代中国的执政党一直把人民放在心上、最懂人民的心。

中国有着悠久的历史，从秦朝开始一直到清末，王朝国家延续两千多年。虽然有民为邦本的理念，讲"民为贵，社稷次之，君为轻"，但在众多皇帝看来老百姓都属于他的臣民、子民或私人财产，并没有真正确立起民权的理念。中国共产党是有科学理论指导的党，深刻认识到人民才是伟力之源、才是革命洪流的主力军。中国共产党的创始人之一毛泽东第一次破天荒提出了"为人民服务"的新理念。随着中国共产党革命的成功，建立了中华人民共和国，中国人真正站起来了，中国共产党也把"全心全意为人民服务"作为自己的根本宗旨。只有把人民放在心上，人民才会有幸福感、安全感。

习近平出生在革命军人家庭，深受毛泽东思想的影响，心中一直有人民。他在《我是黄土地的儿子》的文章中写道："对于我们共产党人来说，老百姓是我们的衣食父母，我们必须牢记'全心全意为人民服务'的宗旨，党和政府的一切方针政策都要以是否符合最广大人民群众的利益为最高标准，要时刻牢记自己是人民的公仆，时刻将人民群众的衣食、冷暖放在心上，把'人民拥护不拥护、人民赞成不赞成、人民高兴不高兴、人民答应不答应'作为想问题、干事业的出发点和落脚点，像爱自己父母那样爱老百姓，为老百姓谋利益，带着老百姓奔好日子，绝不能高高在上，鱼肉老百姓，这是我们共产党与那些反动统治者的根本区别。封建社会的官吏还讲究'为官一任，造福一方'，我们共产党人不干点对人民有益的事情，说得过去吗？"①这些朴实的话，反映了一个共产党员的真实心声。

2012年11月15日，习近平当选为中国共产党中央委员会总书记。他第一次以中共中央主要领导人的身份讲话，就讲到了对人民的责任问题。习近平总书记面对500多位中外记者讲道："我们的人民是伟大的人民。在漫长的历史进程中，中国人民依靠自己的勤劳、勇敢、智慧，开创了各民族和睦共处的美好家园，培育了历久弥新的优秀文化。我们的人民热爱生活，期盼有更好的教育、更稳定的工作、更满意的收入、更可靠的社会保障、更高水平的医疗卫生服务、更舒适的居住条件、更优美的环境，期盼孩子们能成长得更好、工作得更好、生活得更好。人民对美好生活的向往，就是我们的奋斗目标。人世间的一切幸福都需要靠辛勤的劳动来创造。我们的责任，就是要团结带领全党全国各族人民，继续解放思想，坚持改革开放，不断解放和发展社会生产力，努力解决群众的生产生活困难，坚定不移走共同富裕的道路。"②习近平还说道："人民是历史的创造者，群众是真正的英雄。人民群众是我们力量的源泉。我们深深知道，每个人的力量是有限的，但只要我们万众一心、众志成城，就没有克服不了的困难；每个人的工作时间是有限的，但全心全意为人民服务是无限的。责任重于泰山，事业任重道远。我们一定要始终与人民心心相印、与人民同甘共苦、与人民团结奋斗，夙夜在公，勤勉工作，努力向历史、向人民交出一份合格的答卷。"③短短十分钟的讲话，多次谈到人民，谈到人民的地位和作用，不仅体现了大国领袖的深刻洞见，也彰显了大国领导人的人民情怀。他是这么说的，更是这么做的。

担任总书记以来，习近平经常深入基层开展调查研究，到老百姓家里串门，盘腿坐在老百姓家的炕头上，拉家常、算细账；有时进门后还掀起锅盖，看看里面的东西。也经常到受灾的地方

① 习近平：《我是黄土地的儿子》，《全国新书目》2002年第12期。

② 《习近平著作选读》第1卷，人民出版社，2023，第60页。

③ 同上书，第61页。

■ 位于陕西省延安市延川县的梁家河村，是习近平总书记从北京到此插队落户的地方，他在这里劳动生活了7年，与梁家河村的乡亲们结下了深厚的情谊

调查研究，嘘寒问暖，指导解决问题。有的老百姓当面夸他"干得不赖"，有的老百姓家里挂起了他的画像。他总是谦虚地说我就是人民的勤务员。2015年2月，习近平总书记回到陕西省延川县梁家河村看望父老乡亲时深情地说："我在这里当了大队党支部书记。从那时起就下定决心，今后有条件有机会，要做一些为百姓办好事的工作。"①2020年全国两会期间，习近平总书记谈到新冠疫情防控斗争时，讲述了这样一个细节：湖北救治的80岁以上的新冠患者有3000多人，其中一位87岁的老人，身边十来个医护人员精心呵护几十天，终于挽回了他的生命。习近平总书记说："什么叫人民至上？这么多人围着一个病人转，这真正体现了不惜一切代价。"②

---

① 中共延安市委理论学习中心组：《弘扬梁家河精神 干在实处 走在前列》，《陕西日报》，2018年5月30日。

② 霍小光、张晓松、邹伟、朱基钗：《从人民中汲取磅礴力量》，《人民日报》2020年5月29日。

　　在国外出访期间，习近平主席也常常表达他的人民情怀。2014年2月，习近平主席在接受俄罗斯电视台专访时表示："我的执政理念，概括起来说就是：为人民服务，担当起该担当的责任。"①2019年3月22日，在意大利众议院，习近平主席会见意大利众议长菲科。临近结束时，菲科突然问道："您当选中国国家主席的时候，是一种什么样的心情？"听到众人的笑声，菲科补充道："因为我本人当选众议长已经很激动了，而中国这么大，您作为世界上如此重要国家的一位领袖，您是怎么想的？"习近平主席的目光沉静而充满力量，他说，这么大一个国家，责任非常重、工作非常艰巨。"我将无我，不负人民"，他愿意做到一个"无我"的状态，为中国的发展奉献自己。"我将无我，不负人民"，这一响亮的回答，真切表达了中国共产党人的初心使命，彰显了舍我其谁的担当精神、夙兴夜寐的奉献精神以及大公无私的崇高境界。

　　进入中国特色社会主义新时代，中国社会主要矛盾已经转化为人民日益增长的美好生活需要和不平衡不充分的发展之间的矛盾。习近平认为，中国稳定解决了十几亿人的温饱问题，总体上实现小康，不久将全面建成小康社会，人民美好生活需要日益广泛，不仅对物质文化生活提出了更高要求，而且在民主、法治、公平、正义、安全、环境等方面的要求日益增长。同时，我国社会生产力水平总体上显著提高，社会生产能力在很多方面进入世界前列，更加突出的问题是发展不平衡不充分，这已经成为满足人民日益增长的美好生活需要的主要制约因素。因此，在习近平的带领下，中国共产党牢固树立以人民为中心的发展思想，把坚持以人民为中心写入"十四个坚持"，强调"人民是历史的创造者，是决定党和国家前途命运的根本力量。必须坚持人民主体地位，坚持立党为公、执政为民，践行全心全意为人民服务的根本宗旨，把党的群众路线贯彻到治国理政全部活动之中，把人民对

■ 广西壮族自治区百色市田阳区五村镇巴某村曾是深度贫困村，于2019年实现高质量脱贫，成为全国旅游扶贫先进典型案例

美好生活的向往作为奋斗目标，依靠人民创造历史伟业"①。十多年来，我们致力于发展经济，实现了小康这个中华民族的千年梦想，中国发展站在了更高的历史起点上。中国共产党坚持精准扶贫、尽锐出战，打赢了人类历史上规模最大的脱贫攻坚战。2023年政府工作报告指出，近1亿农村贫困人口实现脱贫，全国832个贫困县全部摘帽，960多万贫困人口实现易地搬迁，历史性地解决了绝对贫困问题。老百姓的幸福感、获得感、安全感不断增强。

任何一项伟大事业要成功都必须从人民中找到根基、从人民中积聚力量、由人民来共同完成。2021年11月16日，习近平主席在同美国总统拜登视频会晤时指出："中国人民对美好生活的向往，是中国发展最大内生动力，是一个必然的历史趋势，谁想阻

① 《习近平著作选读》第2卷，人民出版社，2023，第17页。

挡这个历史趋势，中国人民不会答应，也根本阻挡不了。作为中国领导人，我能够为14亿中国人民服务，同他们一起创造美好生活，是一个重大的挑战，也是一个重大的责任。我的态度是'我将无我，不负人民'。"①时隔两年，2023年11月15日，习近平主席在美国友好团体联合欢迎宴会上发表演讲时指出："中国是世界上最大的发展中国家。工作得更好，生活得更好，孩子们成长得更好，是14亿多中国人民的殷切心愿。中国共产党就是给人民办事的，人民对美好生活的向往就是我们的奋斗目标，就是必须守住的人民的心。经过百年探索和接续奋斗，我们已经找到了一条适合自己的发展道路，正在以中国式现代化全面推进中华民族伟大复兴。"②这两段话，鲜明表达了中国共产党的掌舵人的心声，体现了大党领袖、大国领袖的人民情怀。有这种情怀的党，肯定能够让老百姓有安全感。

坚持依法治国

世界现代化进程表明，一个地区乃至国家的社会稳定不稳定、安全不安全和它的法治建设进程紧密相关。一般来说，法制健全、法治意识较强的国家，相对比较稳定。也就是说，安全来自对制度和规则的守护。

冰冻三尺，非一日之寒。开展法治建设、提高人们的法治观念，是一项长期的系统工程。尤其是在中国这种具有独特传统、讲究礼仪道德、具有自己法系的国家，树立现代法治观念更是不易。中国实行改革开放以后，我们坚持依法治国，不断推进社会主义法治建设。同时，有法不依、执法不严、司法不公、违法不究等问题严重存在，司法腐败时有发生，一些执法司法人员徇私

---

① 《习近平同美国总统拜登举行视频会晤》，《人民日报》2021年11月17日。

② 《汇聚两国人民力量　推进中美友好事业——在美国友好团体联合欢迎宴会上的演讲》，《人民日报》2023年11月17日。

枉法，甚至充当犯罪分子的保护伞，严重损害法治权威，严重影响社会公平正义。党深刻认识到，权力是一把"双刃剑"，依法依规行使可以造福人民，违法违规行使必然祸害国家和人民。党中央强调，法治兴则国家兴，法治衰则国家乱；全面依法治国是中国特色社会主义的本质要求和重要保障，是国家治理的一场深刻革命；坚持依法治国首先要坚持依宪治国，坚持依法执政首先要坚持依宪执政。必须坚持中国特色社会主义法治道路，贯彻中国特色社会主义法治理论，坚持依法治国、依法执政、依法行政共同推进，坚持法治国家、法治政府、法治社会一体建设，全面增强全社会尊法学法守法用法意识和能力。

中共召开十八届四中全会和中央全面依法治国工作会议专题研究全面依法治国问题，就科学立法、严格执法、公正司法、全民守法作出顶层设计和重大部署，统筹推进法律规范体系、法治实施体系、法治监督体系、法治保障体系和党内法规体系建设。这在党的历史上都是开创性、创造性的举措。

全面依法治国最广泛、最深厚的基础是人民，必须把体现人民利益、反映人民愿望、维护人民权益、增进人民福祉落实到全面依法治国的各领域、全过程，保障和促进社会公平正义，努力让人民群众在每一项法律制度、每一个执法决定、每一宗司法案件中都感受到公平正义。新时代以来，人民法院坚决纠正和防范冤假错案。坚持惩罚犯罪与保障人权相统一，切实尊重和保障人权。坚持实事求是、有错必纠，依法再审纠正张氏叔侄案、呼格吉勒图案、聂树斌案、张玉环案等重大刑事冤错案件66件130人，健全错案防止、纠正、责任追究机制，牢牢守住防止冤假错案底线。正义虽然迟来，但也让人们看到了法律的意义、法治的重要。

同时，党领导健全保证宪法全面实施的体制机制，确立宪法宣誓制度，弘扬社会主义法治精神，提高国家机构依法履职能力，提高各级领导干部运用法治思维和法治方式解决问题、推动发展的能力，增强全社会法治意识。通过《中华人民共和国宪法修正案》，制定《中华人民共和国民法典》《中华人民共和国外

■ 在习近平法治思想的指导下，奋力开创全面依法治国新局面

商投资法》《中华人民共和国国家安全法》《中华人民共和国监察法》等法律，修改《中华人民共和国立法法》《中华人民共和国国防法》《中华人民共和国环境保护法》等法律，加强重点领域、新兴领域、涉外领域立法，加快完善以宪法为核心的中国特色社会主义法律体系。党领导深化以司法责任制为重点的司法体制改革，推进政法领域全面深化改革，加强对执法司法活动的监督制约，开展政法队伍教育整顿，依法纠正冤假错案，严厉惩治执法司法腐败，确保执法司法公正廉洁高效权威。

在全面依法治国的进程中，不仅取得了很多实践成果，而且收获了理论成果，即习近平法治思想。2020年11月16日至17日，中国共产党历史上首次召开的中央全面依法治国工作会议，将习近平法治思想明确为全面依法治国的指导思想。习近平法治思想的主要内容是"十一个坚持"：（1）坚持党对全面依法治国的领导；（2）坚持以人民为中心；（3）坚持中国特色社会主义法治道路；（4）坚持依宪治国、依宪执政；（5）坚持在法治轨道上推进国家治理体系和治理能力现代化；（6）坚持建设中国特色社会主义法治体系；（7）坚持依法治国、依法执政、依法行政共同推进，法治国家、法治政府、法治社会一体建设；（8）坚持全面推进科学立法、严格执法、公正司法、全民守法；（9）坚持统筹推进国内法治和涉外法治；（10）坚持建设德才兼备的高素质法治工作队伍；（11）坚持抓住领导干部这个"关键少数"。习近平法治思想是马克思主义法治理论中国化的最新成果，是中国特色社会主义法治理论的重大创新发展，是习近平新时代中国特色社会主义思想的重要组成部分，是新时代全面依法治国必须长期坚持的指导思想。①这是中国共产党历史上第一次以党的领导人命名的法治思想，体现了新时代中国法治建设的卓著成效。

正是在习近平法治思想指导下，新时代中国特色社会主义法治体系不断健全，法治中国建设迈出坚实步伐，法治固根本、稳预期、利长远的保障作用进一步发挥，党运用法治方式领导和治理国家的能力显著增强。

不断改善民生

近代中国，屡遭外敌入侵，国内战乱频仍，老百姓生活苦不堪言。中华人民共和国成立尤其是改革开放以后，我国人民生活显著改善，社会治理明显改进。同时，随着时代发展和社会进步，人民对美好生活的向往更加强烈，对民主、法治、公平、正义、安全、环境等方面的要求日益增长。以习近平同志为核心的党中央强调，人民对美好生活的向往就是我们的奋斗目标，增进民生福祉是我们坚持立党为公、执政为民的本质要求，让老百姓过上好日子是我们一切工作的出发点和落脚点，补齐民生保障短板、解决好人民群众急难愁盼问题是社会建设的紧迫任务。必须

---

① 《习近平法治思想是全面依法治国的根本遵循》，《人民日报》2022年9月13日。

以保障和改善民生为重点加强社会建设，尽力而为、量力而行，一件事情接着一件事情办，一年接着一年干，在幼有所育、学有所教、劳有所得、病有所医、老有所养、住有所居、弱有所扶上持续用力，加强和创新社会治理，使人民的获得感、幸福感、安全感更加充实、更有保障、更可持续。

小康不小康，关键看老乡；现代不现代，关键看村寨。脱贫攻坚是全面建成小康社会、推进中国式现代化的底线任务，只有打赢脱贫攻坚战，才能确保全面建成小康社会、实现第一个百年奋斗目标，才能在此基础上实现强国建设、民族复兴的伟业。因此，党坚持精准扶贫，确立不愁吃、不愁穿和义务教育、基本医疗、住房安全有保障工作目标，实行"军令状"式责任制，动员全党全国全社会力量，上下同心、尽锐出战，攻克坚中之坚、解决难中之难，组织实施人类历史上规模最大、力度最强的脱贫攻坚战，形成伟大脱贫攻坚精神，历史性地解决了绝对贫困问题，创造了人类减贫史上的奇迹。

2020年，面对突如其来的新冠疫情，党中央果断决策、沉着应对，坚持人民至上、生命至上，提出"坚定信心、同舟共济、科学防治、精准施策"的总要求，开展抗击疫情人民战争、总体战、阻击战，周密部署武汉保卫战、湖北保卫战，举全国之力实施规模空前的生命大救援，慎终如始抓好"外防输入、内防反弹"，坚持统筹疫情防控和经济社会发展，最大限度保护了人民生命安全和身体健康，在全球率先控制住疫情、率先复工复产、率先恢复经济社会发展，抗疫斗争取得重大战略成果，铸就了伟大抗疫精神。上至百岁老人下至刚出生的婴儿，都得到了妥善救治，切实彰显了以人民为中心、人民至上的发展思想和价值取向。

为了保障和改善民生，党按照坚守底线、突出重点、完善制度、引导预期的思路，在收入分配、就业、教育、社会保障、医疗卫生、住房保障等方面推出一系列重大举措，注重加强普惠性、基础性、兜底性民生建设，推进基本公共服务均等化。我们努力建设体现效率、促进公平的收入分配体系，调节过高收入，取缔非法收入，增加低收入者收入，稳步扩大中等收入群体，推动形成"橄榄型"分配格局，居民收入增长与经济增长基本同步，农村居民收入增速快于城镇居民。2023年居民收入增速超过经济增速0.7个百分点。

我们实施就业优先政策，分管就业工作的中央政治局常委出席就业推进会，更加充分、更高质量的就业不断实现。十多年来，每年都有1000多万人获得就业机会，中国的中产阶层人数也已经突破4亿，形成世界上最大的中产阶层人口。我们全面贯彻党的教育方针，优先发展教育事业，明确教育的根本任务是立德树人，培养德智体美劳全面发展的社会主义建设者和接班人，深化教育教学改革创新，促进公平和提高质量，推进义务教育优质均衡发展和城乡一体化，全面推行国家通用语言文字教育教学，规范校外培训机构，积极发展职业教育，推动高等教育内涵式发展，在高校实施"双一流"政策，强化师德师风建设，对师德败坏的教师零容忍，扎实推进教育强国建设，办好人民满意的教育。

我国建成世界上规模最大的社会保障体系，10.2亿人拥有基本养老保险，13.6亿人拥有基本医疗保险，中国人均寿命在2022年超过了78岁。这对拥有14亿多人口的大国而言具有历史性意义。其间，我们全面推进健康中国建设，坚持预防为主的方针，深化医药卫生体制改革，引导医疗卫生工作重心下移、资源下沉，及时推动完善重大疫情防控体制机制、健全国家公共卫生应急管理体系，促进中医药传承创新发展，健全遍及城乡的公共卫生服务体系。其中的药物集采、"灵魂砍价"让老百姓交口称赞。比如，2022年7月12日，在国家医保局等相关部门组织和指导下，第7批国家组织药品集中采购在南京开标。本次采购共纳入61种药品，涉及包括高血压、糖尿病、抗感染、消化道疾病等常见病、慢性病用药，以及肺癌、肝癌、肾癌、肠癌等重大疾病用药，有300家左右的制药企业参与投标。从集采结果看，以肝癌一线靶向药仑伐替尼胶囊为例，每粒平均价格从108元下降到18元，一个治疗周期患者可节省费用8100元。降血压药品领域，首次纳入缓控释剂型，硝苯地平控释片降价58%，美托洛尔缓释片降价53%，高血压患者用药负担明显减轻。抗病毒药物奥司他韦每片从平均4.5元降至1元。此外，美国辉瑞公司的替加环素、日本安斯泰来公司的米卡芬净、西班牙艾美罗公司的依巴斯汀、意大利博莱科信谊公司的碘帕醇等4个原研药中选，平均降价67%。这次集采有60种药品采购成功，拟中选药品平均降价48%，按约定采购量测算，预计每年可节省费用185亿元。老百姓用上了质量高、价格合适的药物，获得感增强了。

加快体育强国建设，广泛开展全民健身活动，大力弘扬中华体育精神，成功举办了北京冬季奥运会、广州亚运会、西安全运会、成都大运会，中国体育健儿勇创佳绩。新生代运动员谷爱凌、苏翊鸣等成为人民追捧的对象，他们奋发有为、阳光向上的进取精神鼓舞了很多年轻人。冰雪运动迅速发展，2024年初黑龙江省会哈尔滨更是火出了圈，引爆全国冰雪旅游。加强人口发展战略研究，积极应对人口老龄化，加快建设养老服务体系，调整优化生育政策，提倡一对夫妇可以生育三孩，持续降低孕育养育教育成本，大力度促进人口长期均衡发展。同时，注重家庭家教家风建设，保障妇女儿童权益。加快发展残疾人事业。

住房关系千家万户。房地产行业产业链长，涉及上下游几十个行业，拉动经济增长明显。一段时期，不少地方政府依靠土地财政，天价拍卖屡见不鲜，中心城市的房产价格快速增长。不少有钱人不投资实业了，开始进入楼市，温州炒房团也是南征北战。针对快速增长的房价，有的老百姓发出"买不起、住不起"的呼声。这些问题引起党中央的高度重视。习近平总书记鲜明提出"房子是用来住的，不是用来炒的"，明确指出了房地产的正确发展方向。为此，我们加快经济发展方式转变，要求各地政府规范引导房地产健康发展，引导企业将更多资金投向科技创新、实体经济，房地产不断降温，价格逐渐稳定下来。比如，近些年来北京市房价有所下调，最近一直相对稳定。同时，我们加快建立多主体供给、多渠道保障、租购并举的住房制度，加大保障房建设投入力度，城乡居民住房条件明显改善。

打造平安中国

党着眼于国家长治久安、人民安居乐业，建设更高水平的平安中国，完善社会治理体系，健全党组织领导的自治、法治、德治相结合的城乡基层治理体系，推动社会治理重心向基层下移，建设共建共治共享的社会治理制度，建设人人有责、人人尽责、人人享有的社会治理共同体。

经济持续健康发展、社会持续保持稳定这两大"奇迹"不是天上掉下来的，也不是坐等得来的，而是在以习近平同志为核心的党中央坚强领导下，党和人民一道拼出来的，在这艰辛的奋斗历程中，中国人民公安队伍付出了极大牺牲。新时代10年，全国有3799名民警英勇献身，5万余名公安民警光荣负伤，充分彰显了公安队伍对党忠诚、服务人民、执法公正、纪律严明的政治本色，堪称新时代党和人民的忠诚卫士。

全面推进严格规范公正文明执法。在执法实践中，公安机关坚持依法行政、依法管理、依法办案，不断改进执勤执法方式，强化执法全流程的监督管理，大力推进"五项制度"：（1）推进受立案制度改革，明确立案的审查期限，加强日常检查监督，有效解决了受立案不及时、不规范问题；（2）实行现场执法音视频记录制度，为全国公安民警配发执法记录仪130万部，全程记录，规范现场执法活动；（3）推行办案全程监督制度，全国市县两级建成和启用了3027个执法办案管理中心，基本覆盖了全国建制市（县），刑事案件原则上都在中心内办理；（4）深化执法公开制度，最大限度地公开执法依据、程序、进度、结果，充分保障人民群众的知情权、监督权、参与权；（5）建立执法责任追究制度，实行执法过错追责、办案质量终身负责，做到有权必有责、滥权必追责。

进入新时代，一些反腐败题材的电影电视剧广受欢迎，《扫毒》《人民的名义》《狂飙》等都产生了广泛的社会影响。这些优秀的影视作品反映了新时代的实践。近些年来，中国加强社会治安综合治理，大力度开展扫黑除恶专项斗争，坚决惩治放纵、包庇黑恶势力甚至充当"保护伞"的党员干部。2018年1月，中共中央、国务院印发《关于开展扫黑除恶专项斗争的通知》，决定在全国开展为期三年的扫黑除恶专项斗争。其间，云南孙小果、湖南杜少平（"操场埋尸案"）、山西陈鸿志、黑龙江"四大家族"等一大批"热点案""骨头案""钉子案"以最高标准及时、圆满审结。扫黑除恶专项斗争的开展是一个由表及里、由浅入深、逐步推进的过程。打掉浮在表面的黑恶势力只能"治标"，而"治本"则需要清除黑恶势力赖以生存的经济基础，铲除其背后的"保护伞""关系网"。只有"打财断血""打伞破网"，才能走出黑恶势力"死而复生"的怪圈，防止黑恶势力卷土重来。在"打财断血"方面，最高人民法院指导各级法院依法运用追缴、没收违法所得及判处财产刑等多种措施，彻底摧毁黑恶势力"造血"功能；成立"六清"行动指挥部，畅通"立审执"绿色通道，加快程序流转，提高执行效率。截至2020年12月底，全国法院生效涉黑涉恶案件追缴、没收违法所得执行到位433.15亿元，财产刑执行到位940.6亿元，有效摧毁黑恶势力再犯罪能力。在"打伞破网"方面，最高人民法院扫黑办指导全国法院建立健全"两个一律"、"一案三查"、线索双向移送和反馈等工作机制，深挖彻查违法犯罪线索，推动开展排查整治，对涉黑涉恶公职人员依法从严惩处。云南孙小果案中，19名公职人员和重要关系人被一网打尽；湖南杜少平案中，19名公职人员分别受到开除党籍、开除公职等党纪政务处分，10名公职人员被判处七年至十五年不等的有期徒刑，"伞""网"被连根拔起。[1]2021年，全国扫黑除恶专项斗争总结表彰大会在京召开，党中央充分肯定了专项斗争取得的显著成效，同时对扎实推进常态化开展扫黑除恶斗争各项工作提出了具体要求。此后，扫黑除恶进入常态化新阶段。全国公安机关紧紧围绕群众反映强烈、社会影响恶劣的涉黑涉恶问题，坚持依法打击，保持强大震慑。聚力"大案攻坚"，公安部扫黑办挂牌督办46起重特大案件。聚力

---

① 《中国审判》，2022年第16期。

"打伞破网"，持续健全与纪检监察机关线索移交、案件会商等工作制度，查处一批包庇、纵容黑社会性质组织犯罪的公职人员。聚力"打财断血"，全面清查涉案资产，彻底摧毁黑恶势力的经济基础。据统计，2021年，全国公安机关共侦办黑社会性质组织案件195起、恶势力犯罪集团案件1086起，破获各类刑事案件1.88万起，抓获犯罪嫌疑人1.66万名。2022年6月10日凌晨2点40分许，河北省唐山市公安局路北区分局机场路派出所辖区某烧烤店发生一起寻衅滋事、暴力殴打他人案件，一时引起大家的热烈议论。8月29日，河北省人民检察院发布关于陈某志等涉嫌恶势力组织违法犯罪案件审查起诉情况的通报。同日，河北省纪检监察机关严肃查处了陈某志等涉嫌恶势力组织背后的腐败和"保护伞"问题。河北省纪委监委组织协调唐山、廊坊、衡水等地纪委监委对15名相关人员立案审查调查，初步查出了违纪违法及涉嫌滥用职权、徇私枉法、行贿受贿等职务犯罪问题。纪检监察机关将深挖彻查，依纪依法严肃处理。9月13日，该案在河北省廊坊市广阳区人民法院第一审判庭公开审理。9月23日，廊坊市广阳区人民法院对案件公开宣判。2024年1月21日，在河北省廊坊市广阳区第六届人民代表大会第四次会议上，廊坊市广阳区人民法院向大会作法院工作报告。报告中提到，对"唐山烧烤店打人案"保护伞、唐山市公安局原党委委员、路北分局原局长马爱军，以徇私枉法罪、受贿罪决定执行有期徒刑12年，并处罚金人民币70万元。这一系列举措，使得人们拍手称快。扫黑除恶专项斗争以扎实的行动赢得老百姓的热烈欢迎，使得老百姓的安全感越来越强。同时，防范和打击暴力恐怖犯罪、新型网络犯罪、跨国犯罪持续进行。比如，坚决打击跨境电诈犯罪行为。长期以来，缅北果敢自治区以白所成、魏怀仁、刘正祥、徐老发等为首的多个犯罪集团大肆组织开设诈骗窝点，公开武装护诈，针对中国公民疯狂实施电信网络诈骗犯罪活动，诈骗数额巨大，同时涉嫌故意杀人、故意伤害、非法拘禁等多种严重暴力犯罪。中国公安部门与缅甸警方持续开展执法安全合作，截至目前，已有4.6万名缅北涉我电信网络诈骗犯罪嫌疑人移交我方，其中幕后"金主"、组织头目和骨干171名，网上在逃人员2908名，打击工作取得历史性重大战果。①

　　近些年来，我们还加强防灾减灾救灾和安全生产工作，成立国家应急管理部，加强国家应急管理体系和能力建设。同时，坚持和发展新时代"枫桥经验"，坚持系统治理、依法治理、综合治理、源头治理，完善信访制度，健全社会矛盾纠纷多元预防调处化解综合机制。其中的"枫桥经验"，是指20世纪60年代初，浙江省诸暨县（现诸暨市）枫桥镇干部群众创造的"发动和依靠群众，坚持矛盾不上交，就地解决，实现捕人少，治安好"的经验，为此，1963年毛泽东同志就曾亲笔批示"要各地仿效，经过试点，推广去做"②。"枫桥经验"由此成为全国政法战线的一面旗帜。之后，"枫桥经验"得到不断发展，形成了具有鲜明时代特色的"党政动手，依靠群众，预防纠纷，化解矛盾，维护稳定，促进发展"的枫桥新经验。2023年9月20日，习近平总书记在浙江省绍兴市考察期间来到"枫桥经验"陈列馆，重温"枫桥经验"诞生演进历程，了解新时代"枫桥经验"创新发展情况。11月6日上午，习近平总书记在北京人民大会堂亲切会见了全国"枫桥式工作法"入选单位代表，向他们表示诚挚问候和热烈祝贺，勉励他们再接再厉，坚持和发展好新时代"枫桥经验"，为推进更高水平的平安中国建设作出新的更大贡献。"枫桥经验"是基层治理的一面旗帜。在中国大地上，很多地方都在基层治理方面有所创新，包括浙江的"最多跑一次"，北京的"街巷吹哨部门报到"工作机制，政法部门开展的网格化管理，上海建设的社区治理学院，等等。这些创新的基层治理模式极大地方便了老百姓，也给老百姓的幸福感加了码。

　　总之，党的十八大以来，中国社会建设全面加强，人民生活全方位改善，社会治理社会化、法治化、智能化、专业化水平大幅度提升，发展了人民安居乐业、社会安定有序的良好局面，续写了社会长期稳定的奇迹。

---

① 《中缅联合打击跨国电信诈骗取得重大战果》，央视网2024年1月31日。

② 中共中央文献研究室编《毛泽东年谱（一九四九—一九七六）》第5卷，中央文献出版社，2013，第283页。

共生
共荣

　　全球200多个国家和地区活跃着数千个政党，其中只有60多个政党的存续时间超过了100年，中国共产党就是其中之一。在全球诸多政党中，只有10个政党的党员人数超过了1000万，中国共产党的党员人数则在2022年超过了9800万。中国共产党当仁不让是具有全球重要影响力的世界上最大的马克思主义执政党。正是在其坚强领导下，中国人民不仅站起来了，而且站稳了、站住了，目前正在从富起来向强起来坚定不移进发，中华民族的伟大复兴也进入了不可逆转的历史进程。这样的执政绩效在全球也是数一数二。这是为什么呢？美国中国问题专家罗伯特·库恩表示："中国共产党始终坚持党要管党、全面从严治党，不断进行自我革新，这是中国共产党从世界政党中脱颖而出的重要原因之一。"①

---

① 　《国际社会积极评价中国共产党取得的伟大成就》，《人民日报》2022年7月4日。

第九章
为世界执政党提供党建经验

打铁必须自身硬

　　十多年前，中国面对的国内党内形势既有好的一面，如改革开放和社会主义现代化建设取得巨大成就，党的建设新的伟大工程取得显著成效，为继续前进奠定了坚实基础、创造了良好条件、提供了重要保障；同时也有不好的一面，主要是一系列长期积累及新出现的突出矛盾和问题亟待解决。

　　就中国共产党自身而言，党内存在不少对坚持党的领导认识模糊、行动乏力问题，存在不少落实党的领导弱化、虚化、淡化问题，有些党员、干部政治信仰发生动摇，一些地方和部门形式主义、官僚主义、享乐主义和奢靡之风屡禁不止，特权思想和特权现象较为严重，一些贪腐问题触目惊心。[①]有的干部出差公文包里装着香灰，有的干部家里修建的佛堂甚至比寺庙里的还好，有的干部被老百姓起外号为"拆迁大佐"……当时，党内和社会上不少人对党和国家前途忧心忡忡，在北京流传着击鼓传花甚至击鼓传"雷"的故事。究竟怎么办呢？习近平总书记在全国组织工作会议上说"想来想去，打铁必须自身硬"[②]。

　　2014年10月8日，习近平总书记在党的群众路线教育实践活动总结大会上的讲话中首提"全面推进从严治党"。12月，习近平总书记在江苏调研时强调"协调推进全面建成小康社会、全面深化改革、全面推进依法治国、全面从严治党，推动改革开放和社会主义现代化建设迈上新台阶"[③]。这将全面从严治党作为"四个全面"战略布局的重要组成部分，提升到一个全新的战略高度。2016年，党的十八届六中全会专题研究全面从严治党的重大问题，充分展现了党中央坚定不移推进全面从严治党的决心和信心。

　　全面从严治党，基础在全面，关键在严，要害在治。"全

---

① 《习近平著作选读》第1卷，人民出版社，2023，第4页。

② 习近平：《在全国组织工作会议上的讲话》，人民出版社，2018，第2页。

③ 中共中央党史研究室编《党的十八大以来大事记》，人民出版社、中共党史出版社，2017，第42页。

面"就是管全党、治全党，面向9800多万党员、500多万个党组织，覆盖党的建设各个领域、各个方面、各个部门，重点是抓住领导干部这个"关键少数"。"严"就是真管真严、敢管敢严、长管长严。"治"就是从党中央到省市县党委，从中央部委、国家机关部门党组（党委）到基层党支部，都要肩负起主体责任，党委书记要把抓好党建当作分内之事、必须担当的责任；各级纪委要担负起监督责任，敢于瞪眼黑脸，敢于执纪问责。

在全面从严治党伟大实践中，中国共产党提出了自我革命的重要思想。这是因为，党的十八大后，虽然全面从严治党取得了显著成效，但还远未到大功告成的时候。中国共产党面临的"四大考验""四种危险"是长期的、尖锐的，影响党的先进性、弱化党的纯洁性的因素也是复杂的，党内存在的思想不纯、政治不纯、组织不纯、作风不纯等突出问题尚未得到根本解决。一些老问题反弹回潮的因素依然存在，实践中还在出现一些新情况、新问题。在党员、干部队伍中，有的不守政治纪律和政治规矩，妄议中央大政方针，当面一套、背后一套，当两面派、做两面人；有的理想信念"总开关"常年失修，对共产主义心存怀疑，不信马列信鬼神，世界观、人生观、价值观全面蜕变；有的干事创业精气神不够，不担当、不作为，奉行"既不落后头，也不出风头"，怕决策失误，不敢拍板定事，干工作推诿拖延；有的热衷于搞"小圈子""拜码头""搭天线"；有的反对形式主义、官僚主义、享乐主义和奢靡之风不坚决、不彻底，耍花样、搞变通；有的不顾党中央三令五申，依然不收敛、不收手，以权谋私、腐化堕落；有的基层党组织政治功能不强，弱化、虚化、边缘化问题没有解决；有的地方人才队伍发展不平衡、不充分、创新创造活力不强，有的引才不切实际，贪大、贪高、求洋；有的地方和单位管党治党意识不强，履行管党治党责任不到位，甚至不愿不屑抓党建，等等。①这些问题，严重破坏党的团结和集中统一，严重影响党和人民事业发展。

①　《习近平著作选读》第2卷，人民出版社，2023，第190页。

　　针对这些问题，以习近平同志为核心的党中央进一步提出"在新时代，我们党必须以党的自我革命来推动党领导人民进行的伟大社会革命"①，表明党的自我革新、自我净化意识大大加强。党的十九大针对党的建设存在的问题，明确提出新时代党的建设总要求②，就党的建设布局进行了优化调整，提出加强党的政治建设和纪律建设，强调要把政治建设作为党的建设的根本性建设，以此统领党的建设其他各领域。党的十九大后，中共中央发布了关于加强党的政治建设的意见，明确了不断提高政治判断力、政治领悟力、政治执行力的新要求，强调全党要拥护"两个确立"、做到"两个维护"。党的二十大报告进一步提出要保持解决大党独有难题的清醒和坚定，宣示中国共产党已经找到了自我革命这一跳出治乱兴衰历史周期率的第二个答案，并从政治建设、思想建设等方面作出了全面加强党的建设的部署，从而为新时代新征程上加强党的建设提供了遵循。

　　2023年召开的全国组织工作会议，是五年一度中国共产党组织方面的会议。前两次类似会议，习近平总书记都出席并发表了讲话，这次他就关于党的建设和组织工作作出了重要指示。习近平总书记指出，实现党在新时代新征程的使命任务，党的建设和组织工作要有新担当新作为。要坚持以新时代中国特色社会主义思想为指导，全面贯彻党的二十大精神，深刻领会党中央关于党的建设的重要思想，深入落实新时代党的建设总要求和新时代党的组织路线，深入推进新时代党的建设新的伟大工程，以坚持和加强党中央集中统一领导为最高原则，以忠诚为党护党、全力兴党强党为根本使命，以解决大党独有难题、健全全面从严治党

---

① 《习近平著作选读》第2卷，人民出版社，2023，第101页。

② 新时代党的建设总要求是：坚持和加强党的全面领导，坚持党要管党、全面从严治党。这一总要求以加强党的长期执政能力建设、先进性和纯洁性建设为主线，以党的政治建设为统领，以坚定理想信念宗旨为根基，以调动全党积极性、主动性、创造性为着力点。全面推进党的政治建设、思想建设、组织建设、作风建设、纪律建设，把制度建设贯穿其中，深入推进反腐败斗争，不断提高党的建设质量。最终目标是把党建设成为始终走在时代前列、人民衷心拥护、勇于自我革命、经得起各种风浪考验、朝气蓬勃的马克思主义执政党。

体系为重大任务，坚持不懈用党的创新理论统一全党思想意志行动，不断严密上下贯通、执行有力的组织体系，着力建强堪当民族复兴重任的高素质执政骨干队伍，加快建设世界重要人才中心和创新高地，持续深化模范部门和过硬队伍建设，不断提高组织工作质量，为更好地以党的伟大自我革命引领伟大社会革命，推进强国建设、民族复兴伟业提供坚强组织保证。

这次会议的一个重大贡献是在对新时代10年全面从严治党取得非凡成就概括的基础上，提出了习近平关于党的建设的重要思想。这一重要思想主要包括：坚持和加强党的全面领导，坚持以党的自我革命引领社会革命，坚持以党的政治建设统领党的建设各项工作，坚持江山就是人民、人民就是江山，坚持思想建党、理论强党，坚持严密党的组织体系，坚持造就忠诚干净担当的高素质干部队伍，坚持聚天下英才而用之，坚持持之以恒正风肃纪，坚持一体推进不敢腐、不能腐、不想腐，坚持完善党和国家监督体系，坚持制度治党、依规治党，坚持落实全面从严治党政治责任。以"十三个坚持"为主要内容的习近平总书记关于党的建设的重要思想，博大精深、内涵丰富，以一系列原创性成果极大丰富和发展了马克思主义建党学说，是习近平新时代中国特色社会主义思想的党建篇，标志着我们党对马克思主义执政党建设规律的认识达到了新高度，为深入推进新时代党的建设新的伟大工程、做好新时代组织工作提供了根本遵循，必须长期坚持、全面落实。应该说，这一思想形成于新时代全面从严治党的实践中、形成于党的自我革命的过程中，对于新时代党的建设发挥了重要引领作用。

2024年1月召开的二十届中央纪委三次全会，明确提出了"习近平总书记关于党的自我革命的重要思想"这一重大思想命题。党的十八大以来，习近平总书记带领全党以前所未有的决心力度推进全面从严治党，创造性提出一系列具有原创性、标志性的新理念新思想新战略，形成习近平总书记关于党的自我革命的重要思想，指引百年大党开辟了自我革命的新境界。这是我们党坚持"两个结合"推进理论创新取得的新成果，是习近平新

■ 中国共产党历史展览馆大型党旗雕塑《旗帜》，在旗帜的指引下，我们
党一路砥砺前行，奋勇向前

时代中国特色社会主义思想的新篇章，标志着我们党对马克思主义政党建设规律、共产党执政规律的认识达到新高度。这一重要思想，从党的崇高理想、高远使命等角度深刻回答了我们党"为什么要自我革命"的重大问题，指明了确保全党永葆初心、担当使命的根本任务；从党的性质宗旨、毫无私利等角度深刻回答了我们党"为什么能自我革命"的重大问题，坚定了全党用好"第二个答案"、解决大党独有难题的信心决心；从"九个以"的实践要求的角度深刻回答了我们党"怎样推进自我革命"的重大问题，展现了党永葆生机活力、走好新的赶考之路的光明前景。

理论源于实践。无论是习近平总书记关于党的建设的重要思想还是习近平总书记关于党的自我革命的重要思想，都来源于新时代全面从严治党的生动实践，都基于对共产党执政规律的深刻把握，彰显了百年大党的难得清醒和深沉的忧患意识。

以上率下树新风

在中国流行着一句话："八项规定改变中国。"作为中国的掌舵人，习近平深知党的作风建设十分重要，多次强调党风关系党的生死存亡。党的十八大后，新一届党中央徙木立信，制定实施中央八项规定。2012年12月4日，中共中央政治局召开会议，审议通过了中央政治局关于改进工作作风、密切联系群众的八项规定。

这些看似细微的"小事"成为一个大党作风建设的切入口。中央八项规定是对中央政治局委员而言的，暗含着要求别人做到的自己要首先做到，要求别人不能做的自己首先不做的意思。2012年12月赴广东调研期间，习近平总书记严格执行中央八项规定，不封路、不清场，得到了中国老百姓的高度认同。2012年12月29日，习近平总书记来到河北阜平考察，晚上在一家经济型酒店用餐时，留下一张令人难忘的菜单，菜单上"热菜"一栏写着：红烧土鸡块、阜平烩菜、五花肉炒蒜薹、拍蒜茼蒿、冬瓜丸子汤。当时随同工作人员还特意交代不要上酒水，这四菜一汤也都是本地的家常菜，10个人一桌，吃得很干净。在习近平总书记的率先示范下，各地也根据中央八项规定精神，制定了有关规章制度。各级纪检监察部门为落实中央八项规定精神，采取了很多办法，如设立曝光台、节日短信提醒等，让中央八项规定精神沁润广大干部的心田。朴素之风、清朗之风等新风正气不断上升，奢靡之风、形式主义等不良风气日益衰减。高档饭店、高档宾馆、奢华宴请、拜金主义现象等受到极大遏制。有人感慨地说，多少年来没有管住的一张嘴管住了，多少年来没有管住的两条腿管住了。2017年10月27日，党的十九大闭幕仅3天，十九届中央政治局举行第一次会议就审议通过了《中共中央政治局贯彻落实中央八项规定的实施细则》，进一步规范、细化和完善了调研、会议、简报和出访等方面的规定。这一实施细则被很多人看作中央八项规定的"升级版"，态度更坚决，措施更严厉，坚决回应了"从严治党是否会松口气、歇歇脚"的疑虑。党的二十大后，中央政治局开会又对中央八项规定实施细则进行了修订。

　　十年磨一剑，中央八项规定这张作风建设的金色名片越擦越亮。2013年，中央纪委首次公布全国查处违反中央八项规定精神问题统计表。此后，每月公布查处数据成为常态。数据显示，自中央八项规定实施以来，截至2022年10月，全国共查处违反中央八项规定精神问题76.9万起，批评教育帮助和处理109.7万人。仅2023年上半年，全国就查处违反中央八项规定精神问题43193起，批评教育帮助和处理62054人。强有力的警示和震慑，让人民群众深恶痛绝的作风问题得到有效遏制。①

　　党的作风咋样，人民群众感受最直接。对一些不良作风，人民群众也是深恶痛绝。有的地方本身很穷，但领导干部的办公场所建设却很豪华。有的干部收入不高，却经常出入高档酒楼，喜欢戴名表、穿名牌。这些行为相当于在人民群众和党之间筑起了一堵无形的高墙，严重割裂党群关系。为扎实推进作风建设，党中央决定在全党进行党的群众路线教育实践活动。2013年5月9日，《中共中央关于在全党深入开展党的群众路线教育实践活动的意见》印发。6月18日，中共中央召开党的群众路线教育实践活动工作会议，对全党开展教育实践活动进行动员部署。随后，教育实践活动分两批在全党开展。第一批为省部级领导机关和副省级城市机关及其直属单位，中管金融企业、中管企业、中管高等学校；第二批为省以下各级机关及其直属单位和基层组织。教育实践活动按照"照镜子、正衣冠、洗洗澡、治治病"的总要求，着力整治形式主义、官僚主义、享乐主义、奢靡之风问题，使广大党员普遍受到一次马克思主义群众观点和党的群众路线教育，使党在群众中的威信和形象进一步树立、党心民心进一步凝聚，形成了推动改革发展的强大正能量。其间，习近平总书记专程到河北石家庄参加河北省委班子的民主生活会，督促河北方面加大"四风"整治力度。2014年10月8日，党的群众路线教育实践活动总结大会召开，标志着这次为期一年多的以惩治"四风"为主的党的群众路线教育实践活动顺利结束。

---

　　① 《人民领袖：八项规定何以深刻改变中国？》，央视网2024年1月7日。

作风建设不会一蹴而就。2017年12月，新华社一篇文章《形式主义、官僚主义新表现值得警惕》反映，党的十八大以来，从制定和执行中央八项规定开始，全党上下纠正"四风"取得重大成效，但形式主义、官僚主义在一定程度上仍然存在。例如，一些领导干部调研走过场、搞形式主义，调研现场成了"秀场"；一些单位"门好进、脸好看"，就是"事难办"；一些地方注重打造领导"可视范围"内的项目工程，"不怕群众不满意，就怕领导不注意"；有的地方层层重复开会，用会议落实会议；部分地区写材料、制文件机械照抄，出台制度决策"依葫芦画瓢"；一些干部办事拖沓敷衍、懒政庸政怠政，把责任往上推；一些地方不重实效重包装，把精力放在"材料美化"上，搞"材料出政绩"；有的领导干部热衷于将责任下移，"履责"变"推责"；有的干部知情不报、听之任之，态度漠然；有的干部说一套做一套、台上台下两个样。习近平总书记注意到了这篇文章，并作了大段批示。他说，文章反映的情况，看似新表现，实则老问题，再次表明"四风"问题具有顽固性反复性。纠正"四风"不能止步，作风建设永远在路上。①要求各地区各部门都要摆摆表现，找找差距，抓住主要矛盾，特别要针对表态多调门高、行动少落实差等突出问题，拿出过硬措施，扎扎实实地改。各级领导干部要带头转变作风，身体力行，以上率下，形成"头雁效应"。在"不忘初心、牢记使命"主题教育中，要力戒形式主义，以好的作风确保好的效果。随后，中共中央办公厅印发通知指出，习近平总书记的这一重要指示，一针见血、切中时弊，内涵丰富、要求明确，充分表明了以习近平同志为核心的党中央坚定不移全面从严治党、持之以恒正风肃纪的鲜明态度和坚定决心，对于全党深入学习贯彻党的十九大精神、加强党的作风建设具有重要指导意义。通知还要求，各地区各部门要迅速传达学习并切实贯彻落实。2019年3月，中共中央办公厅印发《关于解决形式主义突出

①　王琦、范思翔、董博婷：《减负增效重实干 担当尽责开新篇——党的十九大以来以习近平同志为核心的党中央整治形式主义为基层减负综述》，新华社2022年10月10日电。

问题为基层减负的通知》，决定将2019年作为"基层减负年"。习近平总书记常常提醒全党要注意纠治这一顽疾，各级干部要有"婆婆嘴"。2020年6月8日至10日，习近平总书记在宁夏考察时指出，要把为民造福作为最重要的政绩，建立健全干部担当作为的激励机制，坚决反对形式主义、官僚主义。现实中，形式主义、官僚主义像牛皮癣，很难根治。实际上，形式主义的根源在于官僚主义。领导干部有官僚主义，基层就用形式主义来对付。当然，有内容的形式还是可以的，就怕没有内容的形式。因此，作风建设还是要持续抓下去。

坚定不移反腐败

2012年11月召开的党的十八大，一方面指出，一些领域消极腐败现象易发多发，反腐败斗争形势依然严峻；另一方面指出，反对腐败、建设廉洁政治，是党一贯坚持的鲜明政治立场，是人民关注的重大政治问题。这个问题解决不好，就会对党造成致命伤害，甚至亡党亡国。[①]正是基于这些重大判断，习近平总书记以巨大政治勇气、以"得罪千百人、不负十四亿"的历史担当，开展了一场史无前例的反腐败斗争。

党坚持不敢腐、不能腐、不想腐一体推进，惩治震慑、制度约束、提高觉悟一体发力，确保党和人民赋予的权力始终用来为人民谋幸福。"不敢腐"是通过强大的反腐败斗争，强力惩治贪腐分子，形成高压、震慑作用，使得绝大多数党员干部保持清廉本色。"不能腐"主要是通过加强党内法规建设、提升纪律规矩意识，防止"牛栏关猫"，用日益健全的党内法规、国家法律来形成制度笼子，让想贪腐者没有制度空间、找不到制度漏洞。"不想腐"主要是在长期的不敢、不能的基础上，使党员干部觉

---

① 《中国共产党第十八次全国代表大会文件汇编》，人民出版社，2012，第50页。

悟境界有了极大提升，一心一意做人民公仆。党的十八大以来，习近平总书记坚持系统观念预防和惩治腐败，确实在不敢腐、不能腐、不想腐一体推进上取得明显成效。

中国古代有"刑不上大夫"之说，也有让人免罪的"丹书铁券"。党的十八大以后，我们对腐败是零容忍的，发现一起查处一起。过去，行贿者往往逃脱惩罚，受贿者往往接受惩罚。党的十八大以后，针对手握重权的官员的围猎现象依然突出，因此中共坚持行贿受贿一起查。有人以为反腐败斗争只是一阵风，先躲一躲，要等这股风过了。针对这些不良心理，我们党反腐败斗争一刻也未停歇。2012年12月6日上午，新华网发新闻称，四川省委副书记李春城涉嫌严重违纪，正接受组织调查。这是党的十八大后，被查处的第一个省部级干部。2014年4月29日，李春城又被通报因严重违纪违法被开除党籍和公职。2015年3月19日，湖北检察机关依法对李春城提起公诉，依法以受贿罪、滥用职权罪追究其刑事责任。据2015年10月湖北省咸宁市中级人民法院（以下简称"咸宁中院"）官方微博消息，咸宁中院12日公开宣判四川省委原副书记李春城受贿、滥用职权案，对李春城两罪并罚，决定执行有期徒刑13年，并处没收个人财产100万元。受贿所得财物予以追缴，上缴国库。经审理查明，1999年至2012年，李春城利用其担任成都市副市长、泸州市委书记、成都市市长、成都市委书记、四川省委副书记等职务便利，为他人牟利，直接或者通过其妻等人非法收受财物共计折合人民币3979万余元。2001年9月至2011年7月，李春城在担任成都市市长、成都市委书记期间，违规为特定关系人在经营活动中提供帮助，造成公共财产损失5.7282亿余元。李春城还违规使用财政资金造成公共财产损失300万元。咸宁中院认为，李春城对受贿犯罪具有如实供述罪行、重大立功、悔罪及积极退赃等情节；对于滥用职权犯罪，具有自首、重大立功及悔罪情节，依法予以减轻处罚。李春城当庭表示服从法院判决，不上诉。我们党培养一个高级干部不容易，需要花很大气力和心血。但中央对腐败绝不容忍，不论级别多高，出现问题就要问责，违法违纪就要依法依规处理。2022

年10月17日下午，党的二十大新闻中心举行记者招待会，中央纪委副书记、国家监委副主任肖培介绍，党的十八大以来，全国纪检监察机关立案审查调查中管干部553人，处分厅局级干部2.5万多人、县处级干部18.2万多人。同时，党聚焦政治问题和经济问题交织的腐败案件，防止党内形成利益集团，查处周永康、薄熙来、孙政才、令计划等严重违纪违法案件。正如党的第三个历史决议指出，党的十八大以来，我们坚持无禁区、全覆盖、零容忍，坚持重遏制、强高压、长震慑，坚持受贿行贿一起查，坚持有案必查、有腐必惩，以猛药去疴、重典治乱的决心，以刮骨疗毒、壮士断腕的勇气，坚定不移"打虎""拍蝇""猎狐"。[①]

上述提到的查处中管干部统称"打虎"，"拍蝇"主要是坚决整治群众身边腐败问题，"猎狐"主要是深入开展国际追逃追赃，目的是清除一切腐败分子。发生在群众身边的"蝇贪"最能破坏党在群众心目中的形象，割裂来之不易的密切党群关系。有的人吃拿卡要，有的人优亲厚友，有的人以权谋私，甚至有的人甘当黑恶势力保护伞。也有人虽然级别很低，但由于岗位权力使然，贪腐金额屡屡超越普通人的想象，正所谓小官大贪、小官巨贪。比如，山西蒲县煤炭局原党总支书记郝鹏俊案曝光，他虽官居科级，但其名下北京、海南等地房产达38处，涉案金额达3.05亿元。再比如，辽宁抚顺市原国土资源局顺城分局局长罗亚平，涉案金额过亿，曾被中纪委领导批示为"级别最低、数额最大、手段最恶劣"案件。罗亚平利用为开发商拿地、办理规划审批手续等机会搞权钱交易，甚至直接造假套取土地补偿金，敛财逾亿元，案件惊动中央。也有的贪腐分子，使出浑身解数潜逃国外，企图逃脱法律的制裁。关于"猎狐"，党的十八大以来，在以习近平同志为核心的党中央坚强领导下，我国加大了国际追逃追赃力度，中央反腐败协调小组设立国际追逃追赃办公室，建立国际追逃追赃工作协调机制，摸清党员和国家工作人员外逃的底数。

①　《中共中央关于党的百年奋斗重大成就和历史经验的决议》，人民出版社，2021，第33页。

加强《联合国反腐败公约》框架下双边、多边协作，与美国、加拿大、澳大利亚等国建立反腐败执法合作机制。发表《北京反腐败宣言》，启动反腐败执法合作网络。反腐败国际合作纳入我国外事工作格局，上升到国家政治和外交层面。"猎狐"行动有力遏制了腐败分子外逃和赃款外流，新增外逃人员逐年下降，逐步构建起腐败分子不敢逃、不能逃的有效机制。老百姓看电视听新闻，常看到、听到个别"红通人员"被从国外带回国内接受法律制裁的消息。这对外逃人员形成了极大震慑力，他们就是跑到天涯海角也要被抓捕归案。

腐败是党长期执政的最大威胁，反腐败是一场输不起也决不能输的重大政治斗争，不得罪成百上千的腐败分子，就要得罪十四亿人民，必须把权力关进制度的笼子里，依纪依法设定权力、规范权力、制约权力、监督权力。为此，党领导完善党和国家监督体系，推动设立国家监察委员会和地方各级监察委员会，构建巡视巡察上下联动格局，构建以党内监督为主导、各类监督贯通协调的机制，加强对权力运行的制约和监督。

经过10年持续发力，反腐败斗争取得压倒性胜利并得到全面巩固，消除了党、国家、军队内部存在的严重隐患，党在革命性锻造中更加坚强。党的二十大报告指出，腐败是危害党的生命力和战斗力的最大毒瘤，反腐败是最彻底的自我革命。只要存在腐败问题产生的土壤和条件，反腐败斗争就一刻不能停，必须永远吹响冲锋号。这段话，表明了中国共产党对反腐败的深刻认识，也表明了反腐败斗争的艰巨和严峻。在党的二十大后，中国共产党持续深入推进反腐败斗争，严肃查处金融、国企、高校、体育、烟草、医药、粮食购销、统计等领域腐败问题，查处中管干部80多名，坚决清除系统性腐败风险隐患，一体推进不敢腐、不能腐、不想腐，全面巩固来之不易的压倒性胜利。2024年1月举行的中国共产党第二十届中央纪律检查委员会第三次全体会议提出了"坚决打赢反腐败斗争持久战攻坚战"的说法。环顾世界，像中国共产党这样持续、大规模、系统反腐败的政党确实少见。这也是中国共产党保持长青的方法所在。

健全党内法规制度

没有规矩，不成方圆。"牛栏关猫"，是很难关住的。有的腐败分子被抓起来以后，说有些党内法规一遍也没看过，根本不知道自己的行为触犯了哪条党内法规。进入新时代，中国共产党总结党的建设经验教训，高度重视党的制度建设，通过设置党的制度建设改革领导小组，大力气加强党的制度建设、党内法规建设，逐渐构建起了"不能腐"的制度堤坝。

2013年召开的党的十八届三中全会决定成立党的建设制度改革领导小组后，党的建设制度改革紧锣密鼓、稳步推进。我党修订干部任用条例、出台改进地方领导班子和领导干部考核的意见、制定发展党员细则、出台加强和改进年轻干部培养选拔工作的意见，党的制度建设大大地提升了党内政治生活规范化制度化水平。但仍有一些地方的党组织管理监督缺位、党内生活政治性和原则性下降及制度执行不严，一些党员干部在理想信念、思想政治素质、工作能力、作风状况上处于亚健康状态，一些地方政治生态不良。

针对上述问题，2014年8月29日，中共中央政治局召开会议，审议通过了《深化党的建设制度改革实施方案》（本段内简称《实施方案》）。《实施方案》围绕4个方面改革任务提出了26项重点举措，并提出改革举措在2017年前基本完成，到2020年建立起系统完备、科学规范、运行有效，更加成熟更加定型的党的建设制度体系。该方案突出深化党的建设制度改革4个方面的重点任务：一是深化党的组织制度改革。重点是严格党内生活制度、完善党委工作制度、完善党的代表大会制度和党内选举制度。二是深化干部人事制度改革。重点完善对干部的选拔任用、考核评价、教育培训和实践锻炼、管理监督、激励保障等制度以及国有企业、事业单位人事制度。三是深化党的基层组织建设制度改革。重点是完善各领域基层党组织建设制度，创建基层服务型党组织，完善党员队伍建设制度。四是深化人才发展体制机制改革。重点是健全党管人才领导体制和工作机制，创新集聚人才体制机制，完善人才流动配置机制，完善人才评价激励机制。该方案有几个鲜明特点：一是既继承，又创新。对已有的好制度，该坚持的坚持，该完善的完善。比如，深化党的组织制度改革，坚持以党章为根本，以民主集中制为核心，在《关于党内政治生活的若干准则》出台24年之后，提出对进一步严格党内政治生活作出规定。对缺失的制度及时完善。二是力度大，成系统。改革任务基本覆盖了党的建设领域的重点难点问题，分属于四个方面，每个方面自成一个领域的制度体系。三是要求明，可操作。具体任务时间进度按照轻重缓急各有不同，安排科学合理，推进方式多样，坚持分工合作，责任主体明确。①至党的二十大召开，党的制度建设改革取得显著成效。

党内法规建设稳步推进。党的十八大以来，党中央对党内法规的重视程度之高，党内法规制定力度之大、出台数量之多、制度权威之高、治理效能之好都前所未有，党的制度建设取得历史性成就。2013年11月，党中央印发《中央党内法规制定工作五年规划纲要（2013—2017年）》，明确提出力争经过5年努力，基本形成涵盖党的建设和党的工作主要领域、适应管党治党需要的党内法规体系框架，为到建党100周年时全面建成内容科学、程序严密、配套完备、运行有效的党内法规体系打下坚实基础。2014年召开的党的十八届四中全会通过的《中共中央关于全面推进依法治国若干重大问题的决定》首次将"形成完善的党内法规体系"与"形成完备的法律规范体系、高效的法治实施体系、严密的法治监督体系、有力的法治保障体系"共同作为全面推进依法治国的总目标。同时，提出"注重党内法规同国家法律的衔接和协调"。2016年12月，党中央召开党的历史上第一次全国党内法规工作会议，并专门印发关于加强党内法规制度建设的意见，明确提出到建党100周年时形成比较完善的党内法规体系，确定了党内法规体系的基本框架，为新形势下加强党内法规制定工

---

① 《深化党的建设制度改革的顶层设计——学者解读〈深化党的建设制度改革实施方案〉》，《光明日报》2014年9月5日。

作、构建党内法规体系提供了行动纲领。2017年10月，党的十九大强调要坚持依法治国和依规治党有机统一，思想建党和制度治党同向发力，以党的政治建设为统领全面推进党的各项建设，把制度建设贯穿其中，加快形成覆盖党的领导和党的建设各方面的党内法规体系。2018年2月，党中央印发《中央党内法规制定工作第二个五年规划（2018—2022年）》，紧紧围绕"到建党100周年时形成比较完善的党内法规体系"这一目标任务，对党内法规制定工作进行谋划设计，进一步明确党内法规体系建设的任务书、时间表和路线图。2019年10月，党的十九届四中全会部署健全总揽全局、协调各方的党的领导制度体系，对加快形成完善的党内法规体系作出新的部署安排。

截至2021年7月，现行有效党内法规3615部，党的十八大以来出台了147部实践急需、务实管用的中央党内法规，占现行有效中央党内法规的70%，引领带动党内法规体系建设加速推进；中央纪律检查委员会以及党中央工作机关出台100部部委党内法规，占现行有效部委党内法规的61%；省、自治区、直辖市党委出台2184部地方党内法规，占现行有效地方党内法规的67%。2021年7月1日，习近平总书记在庆祝中国共产党成立100周年大

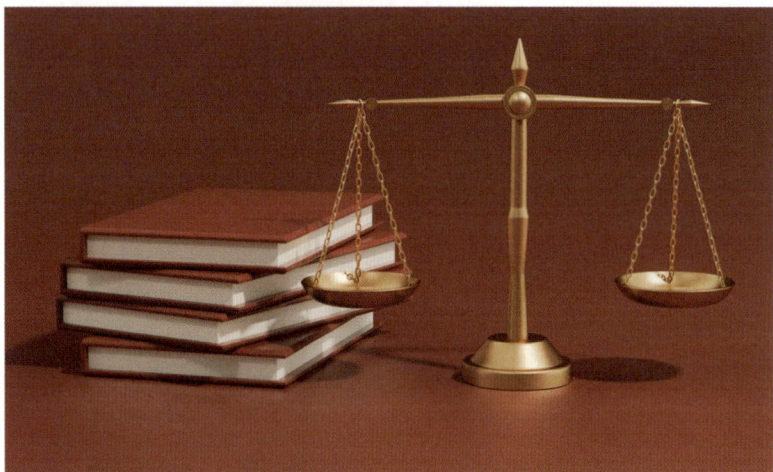

■ 我们党已经"形成比较完善的党内法规体系"，这是呈现中国特色社会主义制度优势的一张金色名片，也为世界政党治理贡献了中国智慧和中国方案

会上宣布,我们党已经"形成比较完善的党内法规体系"。这一党的建设重要成就彪炳史册,是党的建设史特别是党内法规制度建设史上的一个重要里程碑,标志着党内法规制度建设由此迈入高质量发展新阶段,全面从严治党、依规治党站在新的历史起点上。

注重培训党员干部、人才

中国共产党自成立以来,一直注重学习,尤其注重对党员干部开展培训教育工作。不少国外有识之士认为,"中国共产党为什么能"的一个重要因素就是重视持续开展党员干部教育培训工作,一个重要密码就是建设有大量的党校。进入新时代,以习近平同志为核心的党中央高度重视党员干部教育培训工作,中共中央两次修订《干部教育培训工作条例》,制定干部教育、党员教育规划,还要求各地各部门严格贯彻落实。

党校是中国干部教育培训的主渠道、主阵地。在广袤的中国大地上有3000多所党校和数以百计的干部学院。仅党校系统就有10万人。从纵向看,从中央党校、省委党校再到市委党校、县委党校,甚至有些地方的街道、乡镇都建有党校。从横向看,大中型国有企业、普通高等院校、中管金融企业、中央和国家机关等也都设有类似党校的机构。这些党校根据层次和领域不同,在各级党委组织部门的领导下,承担着全国党员干部的培训任务。每年都有数百万计的中共党员干部进入各级党校进行为期长短不一的学习培训。

中共党员有9800多万,各级各类干部上百万计。他们到党校都学习什么内容呢?目前来看,主要分为三个部分:学理论、强党性、提能力。学理论主要是学习中国共产党的基本理论,包括马列主义、毛泽东思想和邓小平理论、"三个代表"重要思想、科学发展观,尤其是习近平新时代中国特色社会主义思想。学理论也不是停留在背诵语录上,而是学习理论背后的道

■ 开展党员干部培训工作对于密切党与群众的血肉联系、共同推进中国梦
的实现具有至关重要的意义

理、学理、哲理，学习理论背后的思想方法和工作方法，学习理
论背后的真理力量和人格力量。强党性，主要是进入党校后，党
校多是从课堂讲授、现场教学、案例分析、学员交流等各个环节
把党性修养浸润到学员身心。比如，给学员过政治生日，也就是
纪念入党日，在这一天，大家重温入党誓词，重温入党申请书，
感受自己的承诺、党的期许，进而提升党员意识、党性修养。中
央党校研究制定了中国共产党党性教育大纲，内涵十分丰富，既
包括实事求是的校训，也包括树立正确的政绩观、权力观、事业
观。其他各级党校，也从自己的实际出发设计课程。具有较多红
色资源的地方，还开设现场教学课，带着学员在中国共产党战斗
过的地方，走一走，感受一下革命胜利的来之不易，让党性教育
做到全过程、全周期，帮助干部及时掐掉心中邪念，时刻端正内
心航向。提能力，主要是要通过系统学习训练，提高党员干部干

事创业的本领和履职能力。各级各类党校，通过案例教学、情境模拟、研究式学习等，提高党员干部的专业化水平。他们注重请专业的人讲专业的事，干过的人讲干过的事，现身说法，以身示范，效果很好。很多党员干部说，上过党校，和没上过不一样；在校好好学习，和不好好学习也不一样。党员干部来到党校学习，也可以在日常交往中交流工作经验和干事体会，这种学学相长也让他们受益无穷。

除了党校以外，中国还有高级经理研修学院、各级社会主义学院、民族干部学院等，用于培训经济人才、党外干部和从事民族宗教工作的干部。在中国，已经形成了干部教育矩阵，为干部提升政治素质、业务素养发挥了巨大作用。中共中央很重视，专门组织编写干部学习教材。习近平总书记还亲自到中共中央党校参加开学典礼，在中央党校成立80周年和90周年时亲自到场讲话。这使得党校的地位和作用得到广泛认可。

新时代以来，中央党校接待了许许多多的国外代表团，其中有总统、总理和部长，也有著名智库负责人、著名学者专家。大家通过相互交流，增进了理解，加深了认同。很多发展中国家希望向中国学习，建设自己的干部学习基地。位于非洲坦桑尼亚的尼雷尔领导力学院，就是向中国共产党学习的结果。该学院于2018年开建，2022年2月竣工启用，是由坦桑尼亚革命党、南非非洲人国民大会、莫桑比克解放阵线党、安哥拉人民解放运动、纳米比亚人组党、津巴布韦非洲民族联盟—爱国阵线组成的六姊妹党联合建设的学院。这也是六姊妹党加强党的自身建设、提高执政能力的重要举措，该学院的建设一定会为各自国家发展进步发挥积极作用。

共生
共荣

　　1922年，英国著名哲学家罗素在经历了1920年10月到1921年7月在中国9个月的讲学和考察后，出版了《中国问题》一书，全面而系统地阐述了他对中国的认识。罗素认为："如果中国的政治状况不是太糟糕的话，那么，将来几十年间工业当有长足的进步。"他强调，中国未来的发展必须建立在一个有序政府的基础上，中国不仅能够很好地发展自己的工业，而且能够避免走西方那种私人资本势力过大、人民备受其压制的工业化道路。他说："如果中国能建立势力巩固、信用卓著的政府，那么，工业的发展可免重蹈西方的覆辙。"不仅如此，罗素还说："如果中国的改革者在国力足以自卫时，放弃征服异族，用全副精力投入科学和艺术，开创一种比现在更好的经济制度，那么，中国对世界可谓是尽了最恰当的义务，并且在我们这样一个令人失望的时代里，给人类一个全新的希望。"[①]100多年前罗素的预言正在中国变成活生生的现实。中华人民共和国成立后，中国的工业化不断发展，中国式现代化道路越走越宽广，为世界现代化新增了中国方案。

----

① 　辛向阳：《中国式现代化对世界发展的重大影响》，《理论与评论》2021年第5期。

第十章

中国式现代化为世界贡献新方案

中国式现代化是中国独立自主探索出来的

　　中国式现代化是中国共产党领导的社会主义现代化，是从近代以来被迫进入世界历史后的中华民族独立自主艰辛探索得来的，具有鲜明的中国文化底蕴和中国历史特点。

　　中华民族是世界上伟大的民族，有着五千多年源远流长的文明史，为人类文明进步作出了不可磨灭的贡献。《易经》《论语》《道德经》等经典古籍，老子、孔子、孟子等古代先贤，"四大发明"，良渚古城遗址以及华夏各地的考古发现等都表明了中华文明的厚度、深度和广度。英国经济学家安格斯·麦迪逊研究发现，公元1500年之前，印度是世界最大的经济体，中国长期稳居世界第二，西方国家在当时世界经济中几乎没有影响力。例如，公元1000年时，印度GDP占世界的27.84%，中国为22.68%，英国只有0.66%，整个西欧仅占6.9%。公元1500年后，中国超过印度成为全球最大的经济体，占世界经济的比重稳步

■ 良渚古城遗址是人类早期城市文明的范例，实证了中华五千多年文明史

上升，形成了一个延续300年左右的上升趋势。公元1500年，中国GDP占世界24.89%，比印度高0.63个百分点，到1820年，中国GDP占世界32.96%，达到巅峰。但是很不幸，从1820年开始，这个历史趋势被扭转，中国经济在全球占比不断下降、影响力不断减弱，1870年中国经济占世界的比重降到17.1%，1913年继续下降到8.83%。

中国一段时期内走衰，不仅仅是因为封建王朝腐朽，还因为强敌入侵。中华民族先后遭遇第一次鸦片战争、第二次鸦片战争、八国联军侵华战争、日本侵华战争等。在1840年鸦片战争以后，中国逐步沦为半殖民地半封建社会，国家蒙辱、人民蒙难、文明蒙尘，中华民族遭受了前所未有的劫难。从那时起，实现中华民族伟大复兴，就成为中国人民和中华民族最伟大的梦想。

无数仁人志士为实现中华民族伟大复兴而苦苦求索，进行各种尝试，但都以失败告终。1921年，中国产生了共产党，这是开天辟地的大事变，深刻改变了近代以后中华民族发展的方向和进程，深刻改变了中国人民和中华民族的前途和命运，深刻改变了世界发展的趋势和格局。探索中国现代化道路的重任，历史地落在了中国共产党身上。中国共产党一经诞生，就把为中国人民谋幸福、为中华民族谋复兴确立为自己的初心使命。实现现代化是近代以来中国人民矢志奋斗的梦想。中国共产党100多年团结带领中国人民追求民族复兴的历史，也是一部不断探索现代化道路的历史。经过数代人不懈努力，我们走出了中国式现代化道路。

在新民主主义革命时期，我们党团结带领人民，浴血奋战、百折不挠，经过北伐战争、土地革命战争、抗日战争、解放战争，打土豪、分田地，推翻帝国主义、封建主义、官僚资本主义三座大山，建立了人民当家作主的中华人民共和国，实现了民族独立、人民解放，为实现现代化创造了根本社会条件。中华人民共和国成立后，我们党团结带领人民进行社会主义革命，消灭在中国延续几千年的封建制度，确立社会主义基本制度，实现了中华民族有史以来最为广泛而深刻的社会变革，提出"四个现代化"目标，建立起独立的比较完整的工业体系和国民经济体系，社会主义革命和建设取得了独创性理论成果和巨大成就，为现代化建设奠定根本政治前提和宝贵经验、理论准备、物质基础。改革开放和社会主义现代化建设新时期，我们党作出把党和国家工作中心转移到经济建设上来、实行改革开放的历史性决策，大力推进实践基础上的理论创新、制度创新、文化创新以及其他各方面创新，实行社会现代化市场经济体制，掀起致富奔小康的大潮，实现了从生产力相对落后的状况到经济总量跃居世界第二的历史性突破，实现了人民生活从温饱不足到总体小康、奔向全面小康的历史性跨越，为中国式现代化提供了充满新的活力的体制保证和快速发展的物质条件。

2012年党的十八大以来，我们党在已有基础上继续前进，不断实现理论和实践上的创新突破，成功推进和拓展了中国式现代化。我们在认识上不断深化，创立了习近平新时代中国特色社会主义思想，实现了马克思主义中国化时代化新的飞跃，为中国式现代化提供了根本遵循。我们进一步深化对中国式现代化的内涵和本质的认识，概括形成中国式现代化的中国特色、本质要求和重大原则，初步构建中国式现代化的理论体系，使中国式现代化更加清晰、更加科学、更加可感可行。我们在战略上不断完善，深入实施科教兴国战略、人才强国战略、乡村振兴战略等一系列重大战略，为中国式现代化提供坚实战略支撑。我们在实践上不断丰富，推进一系列变革性实践、实现一系列突破性进展、取得一系列标志性成果，推动党和国家事业取得历史性成就、发生历史性变革，特别是消除了绝对贫困问题，全面建成小康社会，为中国式现代化提供了更为完善的制度保证、更为坚实的物质基础、更为主动的精神力量。

中国式现代化理论的形成发展

中国式现代化理论不是天上掉下来的也不是地里冒出来的，而是在中国共产党探索现代化建设进程中不断提炼总结出来的。

毛泽东时代提出实现四个现代化，邓小平时代提出中国式的四个现代化，这些思想都为中国式现代化理论的形成提供了思想资源。

进入新时代，中华民族伟大复兴战略全局和世界百年未有之大变局高度重叠、交织演进。世界上一些主要发达国家对中国发展产生极强的焦虑和敌视。2018年初，中美爆发贸易摩擦，随后在科技、文化领域的竞争不断加剧，中美关系一度十分紧张。中美关系确实好也好不到哪里去，但坏到哪里去，确实具有极大的不确定性。美国人提出要安装护栏，防止失速，但经常食言。中国人更愿意相信"观其行"。中国人越来越认识到美国等西方国家言而无信，是中国发展的巨大阻力。而中国人要实现中华民族伟大复兴是百年来的夙愿，不会因为前进道路上有阻碍就会停下脚步，坚定认为任何势力都不可能阻挡住中国前进的脚步。

这是因为中国两千多年来的发展绝大部分时间里是自主向前发展的，有些想当中国"教师爷"的国家也注定会失败。中华人民共和国成立后，中国坚持独立自主谋发展，从探索社会主义道路到开辟中国特色社会主义道路，从改革开放新时期到全面深化改革开放新阶段，都展现了这个东方大国的独特性。以习近平同志为主要代表的中国共产党人深刻认识到这一点，因此在建设现代化上也特别注意从中国的实际出发。

2020年中国脱贫攻坚事业取得决定性胜利后，中国共产党召开了十九届五中全会，研究制定2021年至2025年这5年国民经济和社会发展第十四个五年规划（简称为"十四五"规划）。在这个年度性的重要会议上，习近平总书记阐释了他的现代化观。他说，世界上既不存在定于一尊的现代化模式，也不存在放之四海而皆准的现代化标准。我们所推进的现代化，既有各国现代化的共同特征，更有基于国情的中国特色。第一点，我国现代化是人口规模巨大的现代化。我国14亿人口要整体迈入现代化社会，其规模超过现有发达国家人口的总和，将彻底改写现代化的世界版图，在人类历史上是一件有深远影响的大事。第二点，我国现代化是全体人民共同富裕的现代化。共同富裕是中国特色社会主义的本质要求，我国现代化坚持以人民为中心的发展思想，自觉主动解决地区差距、城乡差距、收入分配差距，促进社会公平正义，逐步实现全体人民共同富裕，坚决防止两极分化。第三点，我国现代化是物质文明和精神文明相协调的现代化。我国现代化坚持社会主义核心价值观，加强理想信念教育，弘扬中华优秀传统文化，增强人民精神力量，促进物的全面丰富和人的全面发展。第四点，我国现代化是人与自然和谐共生的现代化。我国现代化注重同步推进物质文明建设和生态文明建设，走生产发展、生活富裕、生态良好的文明发展道路，否则资源环境的压力不可承受。第五点，我国现代化是走和平发展道路的现代化。一些老牌资本主义国家走的是暴力掠夺殖民地的道路，是以其他国家落后为代价的现代化。我国现代化强调同世界各国互利共赢，推动构建人类命运共同体，努力为人类和平与发展作出贡献。实践表明，中国式现代化既切合中国实际，体现了社会主义建设规律，也体现了人类社会发展规律。习近平表示要坚定不移推进中国式现代化，以中国式现代化推进中华民族伟大复兴，不断为人类作出新的更大贡献。①这是中国主要领导人第一次提出"中国式现代化"概念，并从五个方面概括了中国式现代化的鲜明特征。这意味着，中国式现代化理论有了第一块基石。

中国式现代化理论在党的二十大上得到了集中阐释。党的二十大是中国共产党奋斗百年后开启新的百年之际召开的第一次党代会，具有继往开来的关键节点意义。全世界都在关注中国共产党下一步要干什么、怎么干。中国共产党向世界展现了继续沿着中国特色社会主义道路走下去的信心和决心，在全面建成小康社会基础上系统提出了中国式现代化理论，并以此为指导开启新的征程。党的二十大报告不仅分析了中国式现代化的五大特点，分析了中国式现代化九个方面的本质要求，还明确了中国式现代化道路上要坚持的五大原则，制定了全面建成社会主义现代化强国的总的战略安排。

---

① 中共中央党史和文献研究院编《十九大以来重要文献选编》（中），中央文献出版社，2021，第824—825页。

■ 中国式现代化理论为全面建成社会主义现代化强国、实现中华民族伟大复兴指明了一条康庄大道

　　关于五大特点的论述显然是在党的十九届五中全会基础上有了进一步丰富和发展。党的二十大报告指出，一是中国式现代化是人口规模巨大的现代化。我国14亿多人口整体迈进现代化社会，规模超过现有发达国家人口的总和，艰巨性和复杂性前所未有，发展途径和推进方式也必然具有自己的特点。我们始终从国情出发想问题、作决策、办事情，既不好高骛远，也不因循守旧，保持历史耐心，坚持稳中求进、循序渐进、持续推进。二是中国式现代化是全体人民共同富裕的现代化。共同富裕是中国特色社会主义的本质要求，也是一个长期的历史过程。我们坚持把实现人民对美好生活的向往作为现代化建设的出发点和落脚点，着力维护和促进社会公平正义，着力促进全体人民共同富裕，坚决防止两极分化。三是中国式现代化是物质文明和精神文明相协调的现代化。物质富足、精神富有是社会主义现代化的根本要求。物质贫困不是社会主义，精神贫乏也不是社会主义。我们不断厚植现代化的物质基础，不断夯实人民幸福生活的物质条件，同时大力发展社会主义先进文化，加强理想信念教育，传承中华文明，促进物的全面丰富和人的全面发展。四是中国式现代化是

173

人与自然和谐共生的现代化。人与自然是生命共同体，无止境地向自然索取甚至破坏自然必然会遭到大自然的报复。我们坚持可持续发展，坚持节约优先、保护优先、自然恢复为主的方针，像保护眼睛一样保护自然和生态环境，坚定不移走生产发展、生活富裕、生态良好的文明发展道路，实现中华民族永续发展。五是中国式现代化是走和平发展道路的现代化。我国不走一些国家通过战争、殖民、掠夺等方式实现现代化的老路，那种损人利己、充满血腥罪恶的老路给广大发展中国家人民带来深重苦难。我们坚定站在历史正确的一边、站在人类文明进步的一边，高举和平、发展、合作、共赢旗帜，在坚定维护世界和平与发展中谋求自身发展，又以自身发展更好维护世界和平与发展。

关于中国式现代化的本质要求，主要内容是：坚持中国共产党领导，坚持中国特色社会主义，实现高质量发展，发展全过程人民民主，丰富人民精神世界，实现全体人民共同富裕，促进人与自然和谐共生，推动构建人类命运共同体，创造人类文明新形态。这九条本质要求既涵盖了五大特色，涉及中国特色社会主义总体布局，又强调了领导力量和前进方向，是一个完整的体系，从本质要求的角度进一步展现了中国式现代化的丰富内涵，体现了中国式现代化的全面性、系统性、整体性和创新性。

关于全面建成社会主义现代化强国的总的战略安排，主要分两步走：从2020年到2035年基本实现社会主义现代化；从2035年到本世纪中叶把我国建成富强民主文明和谐美丽的社会主义现代化强国。党的二十大报告对第一步的内容作了较为详细的阐释，对第二步的内容仅用一句话概括，显示出了稳慎的心态，但总体上向中国乃至向世界展示了未来20多年中国发展的路线图、时间表，展现了中国坚定不移走自己道路的决心。

关于中国式现代化的前进道路上必须牢牢把握的重大原则，主要有五个方面：

一是坚持和加强党的全面领导。坚决维护党中央权威和集中统一领导，把党的领导落实到党和国家事业各领域各方面各环节，使党始终成为风雨来袭时全体人民最可靠的主心骨，确保我国社会主义现代化建设正确方向，确保拥有团结奋斗的强大政治凝聚力、发展自信心，集聚起万众一心、共克时艰的磅礴力量。

二是坚持中国特色社会主义道路。坚持以经济建设为中心，坚持四项基本原则，坚持改革开放，坚持独立自主、自力更生，坚持道不变、志不改，既不走封闭僵化的老路，也不走改旗易帜的邪路，坚持把国家和民族发展放在自己力量的基点上，坚持把中国发展进步的命运牢牢掌握在自己手中。

三是坚持以人民为中心的发展思想。维护人民根本利益，增进民生福祉，不断实现发展为了人民、发展依靠人民、发展成果由人民共享，让现代化建设成果更多更公平惠及全体人民。

四是坚持深化改革开放。深入推进改革创新，坚定不移扩大开放，着力破解深层次体制机制障碍，不断彰显中国特色社会主义制度优势，不断增强社会主义现代化建设的动力和活力，把我国制度优势更好转化为国家治理效能。

五是坚持发扬斗争精神。增强全党全国各族人民的志气、骨气、底气，不信邪、不怕鬼、不怕压，知难而进、迎难而上，统筹发展和安全，全力战胜前进道路上各种困难和挑战，依靠顽强斗争打开事业发展新天地。

习近平总书记关于中国式现代化道路的五大特色、九条本质要求、五大原则的论述，基本建构起中国式现代化理论的轮廓。这是党的二十大的理论贡献，党的二十大也将因为这些论述载入中国共产党的史册。这也是中国共产党人继小康社会建设之后的一个重大理论创新点，预示着今后的理论创新方向和新时代现代化建设的实践将会紧密结合。

每次召开全国党代会之后，中共中央都会举办新进中央委员会的委员、候补委员和省部级主要领导干部专题班，进一步深入学习会议精神，研究贯彻落实举措。2023年2月，这个重要的班次在中央党校举行。习近平总书记出席并发表重要讲话。他的讲话围绕着中国式现代化展开，在党代会报告基础上又有进一步的丰富和发展。这次讲话，不仅对以往的论述有所丰富和发展，而且在系统回顾近代以来中国现代化发展历程基础上，对推进中国式现代化必须坚持党的领导、要处理好若干重大关系、中国式现代化创造了人类文明新形态等进行了进一步阐发，是中国式现代化理论丰富和发展的重要标志。

关于党的领导与中国式现代化，习近平总书记在讲话中指出，党的领导直接关系到中国式现代化的根本方向、前途命运、最终成败。党的领导决定中国式现代化的根本性质，只有毫不动摇坚持党的领导，中国式现代化才能前景光明、繁荣兴盛；否则就会偏离航向、丧失灵魂，甚至犯颠覆性错误。党的领导确保中国式现代化锚定奋斗目标行稳致远，我们党的奋斗目标一以贯之，一代一代地接力推进，取得了举世瞩目、彪炳史册的辉煌业绩。党的领导激发建设中国式现代化的强劲动力，我们党勇于改革创新，不断破除各方面体制机制弊端，为中国式现代化注入不竭动力。党的领导凝聚建设中国式现代化的磅礴力量，我们党坚持党的群众路线，坚持以人民为中心的发展思想，发展全过程人民民主，充分激发全体人民的主人翁精神。

习近平进一步阐发了中国式现代化的五大特色，他指出，一个国家走向现代化，既要遵循现代化一般规律，更要符合本国实际，具有本国特色。中国式现代化既有各国现代化的共同特征，更有基于自己国情的鲜明特色。党的二十大报告明确概括了中国式现代化是人口规模巨大的现代化、是全体人民共同富裕的现代化、是物质文明和精神文明相协调的现代化、是人与自然和谐共生的现代化、是走和平发展道路的现代化这五个方面的中国特色，深刻揭示了中国式现代化的科学内涵。这既是理论概括，也是实践要求，为全面建成社会主义现代化强国、实现中华民族伟大复兴指明了一条康庄大道。中华人民共和国成立特别是改革开放以来，我们用几十年时间走完西方发达国家几百年走过的工业化历程，创造了经济快速发展和社会长期稳定的奇迹，为中华民族伟大复兴开辟了广阔前景。实践证明，中国式现代化走得通、行得稳，是强国建设、民族复兴的唯一正确道路。

关于推进中国式现代化要处理好一系列重大关系，习近平总书记强调，推进中国式现代化是一个系统工程，需要统筹兼顾、系统谋划、整体推进，正确处理好顶层设计与实践探索、战略与策略、守正与创新、效率与公平、活力与秩序、自立自强与对外开放等一系列重大关系。进行顶层设计，需要深刻洞察世界发展大势，准确把握人民群众的共同愿望，深入探索经济社会发展规律，使制定的规划和政策体系体现时代性、把握规律性、富于创造性，做到远近结合、上下贯通、内容协调。推进中国式现代化是一个探索性事业，还有许多未知领域，需要我们在实践中去大胆探索，通过改革创新来推动事业发展，决不能刻舟求剑、守株待兔。要增强战略的前瞻性，准确把握事物发展的必然趋势，敏锐洞悉前进道路上可能出现的机遇和挑战，以科学的战略预见未来、引领未来。要增强战略的全局性，谋划战略目标、制定战略举措、作出战略部署，都要着眼于解决事关党和国家事业兴衰成败、牵一发而动全身的重大问题。要增强战略的稳定性，战略一经形成，就要长期坚持、一抓到底、善作善成，不要随意改变。要把战略的原则性和策略的灵活性有机结合起来，灵活机动、随机应变、临机决断，在因地制宜、因势而动、顺势而为中把握战略主动。要守好中国式现代化的本和源、根和魂，毫不动摇坚持中国式现代化的中国特色、本质要求、重大原则，确保中国式现代化的正确方向。要把创新摆在国家发展全局的突出位置，顺应时代发展要求，着眼于解决重大理论和实践问题，积极识变应变求变，大力推进改革创新，不断塑造发展新动能新优势，充分激发全社会创造活力。既要创造比资本主义更高的效率，又要更有效地维护社会公平，更好地实现效率与公平相兼顾、相促进、相统一。要统筹发展和安全，贯彻总体国家安全观，健全国家安全体系，增强维护国家安全能力，坚定维护国家政权安全、制度安全、意识形态安全和重点领域安全。要坚持独立自主、自立自强，坚持把国家和民族发展放在自己力量的基点上，坚持把我国发展进步的命运牢牢掌握在自己手中。要不断扩大高水平对外开放，深度参与全球产业分工和合作，用好国内国际两种资源，拓展中国式现代化的发展空间。

关于推进中国式现代化要敢于斗争、善于斗争，习近平总书记指出，推进中国式现代化，是一项前无古人的开创性事业，必然会遇到各种可以预料和难以预料的风险挑战、艰难险阻甚至惊涛骇浪，必须增强忧患意识，坚持底线思维，居安思危、未雨绸缪，敢于斗争、善于斗争，通过顽强斗争打开事业发展新天地。要保持战略清醒，对各种风险挑战做到胸中有数；保持战略自信，增强斗争的底气；保持战略主动，增强斗争本领。要加强能力提升，让领导干部特别是年轻干部经受严格的思想淬炼、政治历练、实践锻炼、专业训练，在复杂严峻的斗争中经风雨、见世面、壮筋骨、长才干。注重在严峻复杂斗争中考察识别干部，为敢于善于斗争、敢于担当作为、敢抓善管不怕得罪人的干部撑腰鼓劲，看准的就要大胆使用。①

2023年3月15日，在中国共产党与世界政党高层对话会上，习近平围绕"现代化道路：政党的责任"这一重要命题发表主旨讲话。在这个讲话中，中国领导人对现代化的性质又进行了深度发掘，提出"现代化的人民性、多样性、持续性、普惠性、坚定性"②的新理念，表达了中国为世界现代化愿意作出自己的贡献。习近平指出，一是我们要坚守人民至上理念，突出现代化方向的人民性。人民是历史的创造者，是推进现代化最坚实的根基、最深厚的力量。现代化的最终目标是实现人自由而全面的发展。现代化道路最终能否走得通、行得稳，关键要看是否坚持以人民为中心。现代化不仅要看纸面上的指标数据，更要看人民的幸福安康。政党要锚定人民对美好生活的向往，顺应人民对文明进步的渴望，努力实现物质富裕、政治清明、精神富足、社会安定、生态宜人，让现代化更好地回应人民各方面诉求和多层次需要，既增进当代人民的福祉，又保障子孙后代的权益，促进人类社会可持续发展。二是我们要秉持独立自主原则，探索现代化道路的多样性。现代化不是少数国家的"专利品"，也不是非此

---

① 《习近平在学习贯彻党的二十大精神研讨班开班式上发表重要讲话强调　正确理解和大力推进中国式现代化》，新华网2023年2月7日。

② 《习近平出席中国共产党与世界政党高层对话会并发表主旨讲话》，《人民日报》2023年3月16日。

即彼的"单选题",不能搞简单的千篇一律、"复制粘贴"。一个国家走向现代化,既要遵循现代化一般规律,更要立足本国国情,具有本国特色。什么样的现代化最适合自己,本国人民最有发言权。发展中国家有权利也有能力基于自身国情自主探索各具特色的现代化之路。要坚持把国家和民族发展放在自己力量的基点上,把国家发展进步的命运牢牢掌握在自己手中,尊重和支持各国人民对发展道路的自主选择,共同绘就百花齐放的人类社会现代化新图景。三是我们要树立守正创新意识,保持现代化进程的持续性。面对现代化进程中遇到的各种新问题新情况新挑战,政党要敢于担当、勇于作为,冲破思想观念束缚,破除体制机制弊端,探索优化方法路径,不断实现理论和实践上的创新突破,为现代化进程注入源源不断的强大活力。要携手推进全球治理体系改革和建设,推动国际秩序朝着更加公正合理的方向发展,在不断促进权利公平、机会公平、规则公平的努力中推进人类社会现代化。四是我们要弘扬立己达人精神,增强现代化成果的普惠性。人类是一个一荣俱荣、一损俱损的命运共同体。任何国家追求现代化,都应该秉持团结合作、共同发展的理念,走共建共享共赢之路。走在前面的国家应该真心帮助其他国家发展。吹灭别人的灯,并不会让自己更加光明;阻挡别人的路,也不会让自己行得更远。要坚持共享机遇、共创未来,共同做大人类社会现代化的"蛋糕",努力让现代化成果更多更公平惠及各国人民,坚决反对通过打压遏制别国现代化来维护自身发展"特权"。五是我们要保持奋发有为姿态,确保现代化领导的坚定性。现代化不会从天上掉下来,而是要通过发扬历史主动精神干出来。作为现代化事业的引领和推动力量,政党的价值理念、领导水平、治理能力、精神风貌、意志品质直接关系国家现代化的前途命运。自胜者强。政党要把自身建设和国家现代化建设紧密结合起来,踔厉奋发,勇毅笃行,超越自我,确保始终有信心、有意志、有能力应对好时代挑战,回答好时代命题,呼应好人民期盼,为不断推进现代化进程引领方向、凝聚力量。

在这次会议上,习近平对中国式现代化又进行了深入探讨,指出中国式现代化既基于自身国情、又借鉴各国经验，既传承历史文化、又融合现代文明，既造福中国人民、又促进世界共同发展，是我们强国建设、民族复兴的康庄大道，也是中国谋求人类进步、世界大同的必由之路。我们将坚持正确的方向、正确的理论、正确的道路不动摇，不走改旗易帜的邪路。

2023年11月15日，习近平主席在美国友好团体联合欢迎宴会上发表的演讲，又拓展了中国式现代化理论。他不仅进一步论述了中国式现代化的特点，还第一次突出强调了团结奋斗。他指出，我们致力于团结奋斗，让全体中国人民一起迈向现代化。人口众多是中国的基本国情。再大的成就除以14亿都会变得很小，再小的问题乘以14亿都会变得很大，这就是大的难处。同时，大也有大的优势。中国共产党领导、中国特色社会主义制度、广大人民群众的拥护和支持是我们最大的优势。中国是超大规模经济体，形成了超大规模市场。前不久，我们成功举办第六届中国国际进口博览会，吸引了来自包括美国在内128个国家的3400多家企业参展，美国连续6届展览面积最大。14亿多中国人民迈向现代化是中国带给世界的巨大机遇。他指出，我们致力于共同富裕，让每一个中国人都过上美好生活。摆脱贫困，是中华民族的千年梦想。共同富裕，是中国人民的共同期盼。我不到16岁就在陕北的一个小村子里同农民住在一起、干在一起，知道人民愁什么、盼什么。从那时到现在，半个世纪过去了，在人民中间让我觉得踏实，同人民在一起让我有力量。我将无我、不负人民，这就是我终生的信念。我刚担任中共中央总书记和中华人民共和国主席时，中国还有1亿人生活在联合国标准的贫困线以下。经过8年艰苦奋斗，这些贫困人口已全部脱贫，提前10年实现了联合国2030年可持续发展议程的减贫目标，1800多名中共党员在扶贫攻坚的岗位上献出了生命。他还说，我们的目标不是少数人的富裕，而是全体人民共同富裕。就业、教育、医疗、托幼、养老、住房、环境，这些老百姓的身边事、贴心事、具体事正不断融入中国国家发展的顶层设计，不断变成老百姓的获得感、幸福感、安全感。我们将继续推动高质量发展，让现代化成果惠及全体人民。这是中国共产党的初心使命，是我们对人民的承诺，也必将在人民支持下实现。他还指出，我们致力于全面发展，让人们的物质和精神世界同样富足。中国人很早就懂得"衣食足而知荣辱"。物质贫困不是社会主义，精神贫乏也不是社会主义。中国式现代化是以人民为中心的现代化，其中一个重要目标就是在不断提高国家经济实力、人民生活水平的同时，不断丰富人民的精神世界、提高全社会文明程度、促进人的全面发展。我提出全球文明倡议，就是要推动国际社会解决物质和精神失衡问题，共同推动人类文明不断进步。

他继续强调，我们致力于永续发展，让人与自然和谐共生。"天人合一""道法自然"是中华优秀传统文化的重要理念。我们身处同一个地球村，在我们有生之年可能找不到另一个星球供人类生存了。英语里也有一句话："地球不是我们从祖辈那里继承的，而是向我们的子孙借来的。"2002年习近平在福建担任省长时就提出福建要建成中国第一个生态省。到浙江工作后，2005年他又提出"绿水青山就是金山银山"，如今这已成为中国人民的共识。现在，全球光伏发电装机容量接近一半在中国，全球新能源汽车一半以上行驶在中国，全球四分之一的新增绿化面积来自中国。我们力争2030年前实现碳达峰，2060年前实现碳中和。

■ 习近平生态文明思想的鲜明主题是努力实现人与自然和谐共生，为人类社会可持续发展提供了科学思想指引

我们说到做到。他还说，我们致力于和平发展，推动构建人类命运共同体。中华文明传承的是和平和睦和谐的理念，中国没有对外侵略扩张的基因。中国人民对近代以后自身遭受的动荡和苦难刻骨铭心。中国人民反对的就是战争，求的就是稳定，盼的就是天下太平。中华民族伟大复兴的实现离不开和平稳定的国际环境。我们决不会走通过战争、殖民、掠夺、胁迫等方式实现现代化的老路。①

从党的十九届五中全会文件到党的二十大报告，从举办学习贯彻党的二十大精神的省部级主要领导干部研讨班到中国共产党与世界政党高层对话会，再到习近平主席在旧金山的演讲，无疑都贯穿着中国式现代化这条红线。经过这几次重要场合的讲话梳理总结，中国式现代化理论日益走向成熟。目前，这一理论至少包括中国式现代化的历史演进、领导力量、鲜明特色、本质要求、重要原则、若干关系、战略安排等丰富内容。习近平在这些重要场合的讲话在内容上虽有重叠，但确实是在不断丰富和拓展我们对中国式现代化规律性的理解和认识。相信随着中国式现代化道路的拓展，中国式现代化理论也会越来越完善、越来越成熟。毫无疑问，这是未来中国共产党理论创新的重要方向，也是观察中国道路的最佳视角。

中国式现代化取得历史性成就

新时代以来，中国坚持走中国式现代化道路，续写"经济快速发展奇迹和社会长期稳定奇迹"，经济社会发展取得历史性成就。这些历史性成就可以从党治国理政的角度展开分析，涉及党、内政、外交、国防四个大的方面。就这些历史性成就，中国共产党的第三个历史决议、中共二十大报告都进行了系统梳理。

---

① 《汇聚两国人民力量 推进中美友好事业——在美国友好团体联合欢迎宴会上的演讲》，《人民日报》2023年11月17日。

从国家最高政治领导力量的角度看，历史性成就体现在中国共产党的理论创新取得丰硕成果，创立了习近平新时代中国特色社会主义思想，实现了马克思主义中国化时代化新的飞跃；党的领导全面加强，党的领导制度体系系统完善，全党增强"四个意识"，自觉在思想上政治上行动上同党中央保持高度一致，不断提高政治判断力、政治领悟力、政治执行力，确保党中央权威和集中统一领导，确保党发挥总揽全局、协调各方的领导核心作用，党更加团结统一；对新时代党和国家事业发展作出科学完整的战略部署，提出实现中华民族伟大复兴的中国梦，以中国式现代化推进中华民族伟大复兴；全面从严治党向纵深推进，找到了自我革命这一跳出治乱兴衰历史周期率的第二个答案，自我净化、自我完善、自我革新、自我提高能力显著增强，管党治党宽松软状况得到根本扭转，风清气正的党内政治生态不断形成和发展，确保党永远不变质、不变色、不变味。

从治国理政内容的内政方面看，最重要的成果就是全面建成了小康社会，使得我国发展站在了更高历史起点上。这里面涉及"五位一体"、改革、开放、法治、国家安全、祖国统一等方面的成就。具体来说包括：我们提出并贯彻新发展理念，着力推进高质量发展，推动构建新发展格局，实施供给侧结构性改革，制定一系列具有全局性意义的区域重大战略，我国经济实力实现历史性跃升。我们以巨大的政治勇气全面深化改革，打响改革攻坚战，推动中国特色社会主义制度更加成熟更加定型，国家治理体系和治理能力现代化水平明显提高。我们实行更加积极主动的开放战略，构建面向全球的高标准自由贸易区网络，加快推进自由贸易试验区、海南自由贸易港建设，共建"一带一路"，形成更大范围、更宽领域、更深层次对外开放格局。我们坚持走中国特色社会主义政治发展道路，全面发展全过程人民民主，社会主义民主政治制度化、规范化、程序化全面推进。我们确立和坚持马克思主义在意识形态领域指导地位的根本制度，新时代党的创新理论深入人心，社会主义核心价值观广泛传播，中华优秀传统文化得到创造性转化、创新性发展，文化事业日益繁荣，网络生态

■ 2022年10月16日，中国共产党第二十次全国代表大会在北京人民大会堂开幕

持续向好，意识形态领域形势发生全局性、根本性转变。我们深入贯彻以人民为中心的发展思想，在幼有所育、学有所教、劳有所得、病有所医、老有所养、住有所居、弱有所扶上持续用力，人民生活全方位改善。我们坚持"绿水青山就是金山银山"的理念，全方位、全地域、全过程加强生态环境保护，让祖国天更蓝、山更绿、水更清。我们贯彻总体国家安全观，国家安全领导体制和法治体系、战略体系、政策体系不断完善，共建共治共享的社会治理制度进一步健全，平安中国建设迈向更高水平。我们全面准确推进"一国两制"实践，坚持"一国两制"、"港人治港"、"澳人治澳"、高度自治的方针，推动香港实现从由乱到治走向由治及兴的新阶段，香港、澳门保持长期稳定发展良好态势。我们提出新时代解决台湾问题的总体方略，促进两岸交流合作，坚决反对"台独"分裂行径，坚决反对外部势力干涉，牢牢把握两岸关系的主导权和主动权。

从治国理政内容的国防和军队领域看，历史性成就主要体现在：确立党在新时代的强军目标，贯彻新时代党的强军思想，贯彻新时代军事战略方针，坚持党对人民军队的绝对领导，召开古田全军政治工作会议，以整风精神推进政治整训，牢固树立战斗力这个唯一的根本的标准，坚决把全军工作重心归正到备战打仗上来，统筹加强各方向各领域军事斗争，大抓实战化军事训练，大刀阔斧深化国防和军队改革，重构人民军队领导指挥体制、现代军事力量体系、军事政策制度，加快国防和军队现代化建设，裁减现役员额30万胜利完成，人民军队体制一新、结构一新、格局一新、面貌一新，现代化水平和实战能力显著提升，中国特色强军之路越走越宽广。

从治国理政内容的外交领域看，我国取得的历史性成就主要体现在：全面推进中国特色大国外交，推动构建人类命运共同体，坚定维护国际公平正义，倡导践行真正的多边主义，旗帜鲜明地反对一切霸权主义和强权政治，毫不动摇地反对任何单边主义、保护主义、霸凌行径。我们完善外交总体布局，积极建设覆盖全球的伙伴关系网络，推动构建新型国际关系。我们展现负责任大国担当，积极参与全球治理体系改革和建设，全面开展抗击新冠疫情国际合作，赢得广泛国际赞誉，我国国际影响力、感召力、塑造力显著提升。

中国成就以开创性、系统性、全面性震撼世界。曾数次到中国贫困地区调研的巴西中国问题研究中心主任罗尼·林斯说，中共领导的脱贫攻坚事业将永远被人类社会铭记，"成为人类历史上良政善治的典范"。古巴政治杂志《主题》主编拉斐尔·埃尔南德斯说，中共十八大以来取得的历史性成就生动表明，中共是为中国人民谋幸福、为中华民族谋复兴的政党。正是有了中共的坚强领导，才有了中国今天所取得的伟大成就。俄罗斯人民友谊大学教授尤里·塔夫罗夫斯基指出，过去10年，中国在加快建设现代化经济体系、加强科技创新、完善国家治理体系、消除绝对贫困、聚焦绿色发展等方面取得巨大成就。中国特色社会主义制度优势进一步凸显，中国的发展道路赢得国际社会赞赏。俄罗斯莫斯科国立大学亚非学院院长阿列克谢·马斯洛夫表达了相同看法：中国的发展对于全球发展非常重要。中国的成功经验，可以为很多国家提供借鉴和启发。①

---

① 《用新的伟大奋斗创造新的伟业——国际社会高度评价习近平向中国共产党第二十次全国代表大会所作报告》，新华社2022年10月16日电。

中国式现代化为世界贡献中国方案

　　世界现代化进程可以说从500多年前的地理大发现就开始了。资本主义秩序随着地理大发现也向世界拓展。这个过程既摧枯拉朽也充满血腥暴力。英国出现"羊吃人"现象，法国几次大革命造成多少人头落地，美国西进运动又有多少原住民惨遭杀戮，加拿大、澳大利亚的原住民的悲惨遭遇更是罄竹难书。而遭受奴役的殖民地的百姓更是付出了生命的代价。所以，伟大的思想家马克思说："资产阶级在它不到一百年的阶级统治中所创造的生产力，比过去一切世代创造的全部生产力还要多，还要大。"①马克思又说，"资本来到世间，从头到脚，每个毛孔都滴着血和肮脏的东西"②。在此进程中，社会产生了一种论调，即现代化就是西方化，只有西方化才能实现现代化。受此影响，很多国家想通过走资本主义道路实现现代化。在20世纪爆发两次世界大战后，人们开始反思资本主义秩序的现代价值。随着历史进程，人们也发现全世界多数国家走上资本主义道路，但只有少数国家实现了现代化。实现现代化国家的人口仅是全球人口的1/7。绝大多数国家开始思考为什么。

　　与资本主义思潮同时兴起的还有社会主义思潮。从1516年空想社会主义者莫尔发表作品开始，社会主义思潮持续至今也有500多年了。自苏联诞生以后，资本主义制度和社会主义制度，资本主义道路和社会主义道路，两种制度、两种道路的竞争始终没有停止。尤其在中国迅速崛起发展起来之后，中国道路也引起了全球关注。2004年后，中国模式开始成为全球学者关注的话题。迄今20年了，中国以充满活力的发展，日益展示出社会主义现代化的魅力。科学社会主义在21世纪的中国焕发出勃勃生机。

　　在这种情况下，中国提出中国式现代化，坚持走中国式现代化道路，意义非凡，世界瞩目。中国共产党认为，创造人类文明

---

① 　中共中央马克思恩格斯列宁斯大林著作编译局编译《马克思恩格斯文集》第2卷，人民出版社，2009，第36页。

② 　《马克思恩格斯选集》第2卷，人民出版社，1995，第266页。

新形态是中国式现代化的本质要求。这反映了中国共产党人的追求，也是世界人民所希望的。能不能在资本主义道路之外开辟一条通往现代化的新路？答案就是中国式现代化，从自己国情出发的现代化。

中国式现代化实际上就是一种全新的人类文明形态。这是因为，中国式现代化，深深植根于中华优秀传统文化，体现科学社会主义的先进本质，借鉴吸收一切人类优秀文明成果，代表人类文明进步的发展方向，展现了不同于西方现代化模式的新图景，是一种全新的人类文明形态；中国式现代化，打破了"现代化=西方化"的迷思，展现了现代化的另一幅图景，拓展了发展中国家走向现代化的路径选择，为人类对更好社会制度的探索提供了中国方案；中国式现代化蕴含的独特世界观、价值观、历史观、文明观、民主观、生态观等及其伟大实践，是对世界现代化理论和实践的重大创新；中国式现代化为广大发展中国家独立自主迈向现代化树立了典范，为其提供了全新选择。

2023年3月15日，在中国共产党与世界政党高层对话会上，习近平指出，当今世界不同国家、不同地区各具特色的现代化道路，植根于丰富多样、源远流长的文明传承。人类社会创造的各种文明，都闪烁着璀璨光芒，为各国现代化积蓄了厚重底蕴、赋予了鲜明特质，并跨越时空、超越国界，共同为人类社会现代化进程作出了重要贡献。中国式现代化作为人类文明新形态，与全球其他文明相互借鉴，必将极大丰富世界文明百花园。我们将始终把自身命运同各国人民的命运紧紧联系在一起，努力以中国式现代化新成就为世界发展提供新机遇，为人类对现代化道路的探索提供新助力，为人类社会现代化理论和实践创新作出新贡献。这些年来，从共建"一带一路"上，从欢迎世界各国搭乘中国发展快车上，从提出全球发展倡议、全球安全倡议、全球文明倡议上，从对现代化的规律性认识的不断拓展上，等等，都体现了中国人的努力和贡献。

2023年11月15日，习近平主席在美国友好团体联合欢迎宴会上演讲时指出，中国追求的不是独善其身的现代化，愿同各国一道，实现和平发展、互利合作、共同繁荣的世界现代化，推动构建人类命运共同体！这彰显了中国式现代化独特的世界观。中国是世界的中国，是世界的重要组成部分。中国离不开世界，世界也离不开中国。中国的现代化与世界的现代化须臾不可分离。而中国不像有的国家非要把自己的价值观强加于别的国家，搞零和博弈、以邻为壑，而是积极参与、团结大家，一起把世界建设得更加美好。

2024年2月8日，习近平总书记在春节团拜会上的讲话中指出，回顾一年来的拼搏奋斗，我们更加深切地体会到，以中国式现代化全面推进强国建设、民族复兴伟业，既是中国人民追求美好幸福生活的光明之路，也是促进世界和平和发展的正义之路。只要我们坚持道不变、志不改，一以贯之、勠力同心，就一定能够战胜前进中的各种艰难险阻，不断迈向成功的彼岸！这段话基于中国的实践，强调中国式现代化是光明之路、正义之路，对内讲是光明，对外讲是正义，彰显了我们站在历史正确的一边的道路自信。当我国如期建成社会主义现代化强国，成为世界上第一个不是走资本主义道路而是走社会主义道路成功建成现代化强国时，中国式现代化将更加充分地展示出其世界历史意义。

■ 中国式现代化是对世界现代化理论和实践的重大创新，具有世界性意义

后　记

去年初夏，广东教育出版社副总编辑卞晓琰来电邀请我给他们写一本书。当时，我已完成书稿《新时代的中国》《新时代的中国共产党》，正在考虑如何为讲好新时代的中国故事再做点事情。等到和编辑面对面交流时，我提出应该就"新时代的中国与世界"这个重要话题写点东西。

这主要是因为进入新时代，中国以崭新的姿态和独特的做法担起大国责任、影响着整个世界，而中国共产党在努力为中国人民谋幸福、为中华民族谋复兴的同时也积极在为人类谋进步、为世界谋大同。这不仅仅是美好的设想，而且正在变成活生生的现实。基于这些考虑，我着手理清思路、爬梳资料、编写提纲。在写作过程中，广东教育出版社的编辑高度负责，建议这本书可以加一个主标题"共生共荣"，因而这本书的名字就定为《共生共荣：新时代的中国与世界》。这本书主要是讲新时代的中国如何以自己的积极作为，不仅把自己变得日益强大，而且让世界变得更加美好。

写这本书时，我以中国为中心，力图用最鲜活的资料和最精彩的故事，来呈现新时代的中国与世界的良性互动，因而引用了权威报刊、网站上公布的最新资料。书中的一些重大判断、重大举措，还逐一和中国共产党发布的重要文献进行了对标对表。

这本书是2023年度国家社科基金重大项目《新时代十年伟大变革的深刻内涵和里程碑意义研究》的阶段性成果。

由衷感谢广东教育出版社的信赖与厚爱，感谢出版社领导和编辑的关心支持。很希望，这本旨在讲好新时代中国故事的小书尽快问世，接受广大读者的检阅。